JN440491

나와예수 03

서울에서 만난 루터

독일인 목사의 한국교회 이야기

Malte Rhinow
이말테 지음

신앙과지성사

함께하는 글

루터의 심정으로 겪은 경험과 고뇌

채수일 목사(경동교회 담임)

말테 리노 목사님의 저서, 『서울에서 만난 루터』 출간을 마음으로부터 깊이 축하합니다. 리노 목사님은 독일 바이에른 주 루터교회 소속 목사님으로서, 어쩌면 한국에서 가장 오래 살고 있고, 한국어를 가장 잘하시는 독일 목사님일 겁니다. 제가 리노 목사님을 만난 것이 1992년이니, 25년을 알고 지내는 사입니다. 그동안 한신대학교 독문학과 교수, 한국기독교장로회 소속 선교사, 재한 독일어권교회 담임목사, 한국루터교 소속 선교사, 한국루터교대학교 교수를 역임하면서 한국사회와 교회 안에서 겪은 경험과 이야기들을 사석에서 들을 때마다, 언젠가 리노 목사님의 이런 경험과 수많은 이야기들이 책으로 엮어져 출간되었으면 했는데, 마침내 그 소망이 이루어진 것이지요.

이 책은 독일 목사의 눈에 비친 한국교회에 대한 날카롭고 비판적인 시각과 평가만이 아니라, 인간 리노 목사님을 이해할 수 있는 즐거

움도 줍니다. 한국사회와 교회의 아픈 곳을 질타하고, 개혁 방향을 제시하지만, 리노 목사님의 크고 깊은 애정은 변함이 없습니다. 사모님이신 한정애 교수님과의 만남과 사랑과 결혼 그리고 한국에서의 삶 이야기는 사생활이 역사와 뗄 수 없는 관계에 있다는 것을 보여줍니다.

"고향을 알려면 고향을 떠나야 한다." 오래된 격언입니다. 리노 목사님은 고향인 독일을 떠났기 때문에 어쩌면 자기 고향 독일을 다른 시각으로 이해할 수 있었을 것입니다. 그리고 우리는 리노 목사님을 통해, 우리 자신을 더 잘 이해하게 될 것입니다. 한국교회를 다시 볼 수 있도록 도전한 리노 목사님의 『서울에서 만난 루터』의 출간을 축하하면서, 기쁜 마음으로 이 책을 추천합니다.

함께하는 글

마틴 루터 후예의 한국교회 사랑

김영주 총무(한국기독교교회협의회)

"종교개혁 500주년, 한국교회는 변해야 합니다." 금년 초 한국교회는 종교개혁정신을 거론하며 요란했습니다. 그러나 금년을 거의 다 보내고 있는 현재, 내용은 없습니다. 아마 종교개혁주간을 맞이하여 '종교개혁 95개조'를 발표하거나, '500주년 기념 연합예배'를 드리는 정도일 것으로 짐작해 봅니다. '뼈를 깎는 자기 성찰이 없으면' 과제는 보이지 않고, 기념일만 도드라져 보일 뿐입니다. 나 역시 한국교회 일원으로 책임을 피할 수 없습니다.

한국교회는 무슨 문제를 안고 있으며, 왜 개혁되지 않을까요? 생각해 보면 우리 한국교회는 개혁 혹은 갱신이 화두가 되지 않은 적이 없었습니다. 교단의 이름에 개혁이라는 단어를 즐겨 쓰고 있으며 개혁과 갱신을 위해 교단 분열까지 감수했었습니다. 그러나 개혁은 없었고, 지금도 없습니다. 한국교회는 한시바삐 그 원인을 찾아야 합니다. 말테 목사님께 묻습니다. 그는 종교개혁의 횃불을 든 루터의 후예로, 독일루터교회가 한국에 파송한 선교사입니다. 오랜 세월 동안 한국교회의 일원으로 혹은 이웃의 입장에서 한국교회를 잘 살펴본 분입니다. 그분의 한국교회 비판은 매우 아픕니다. 우리가 애써 외면하고 있었던 문제를 꼭 집어 말하기 때문입니다. 힘들어도 한국교회는 들어야 합니다. 그분은 한국교회를 사랑하고 있기 때문입니다. 그분의 한국교회 사랑은 흔히 사용되는 수식어가 아닙니다. 긴 세월 동안 우리와 함께하면서 증명하고 있습니다.

평소 한국교회를 위해 노심초사하는 신앙과지성사의 최병천 장로님의 안목이 놀랍습니다. 꼭 필요할 때 말테 목사님의 글이 출판됩니다. 한국교회의 일독을 바랍니다. 그리고 말테 목사님의 고언을 한국교회의 과제로 삼아야 할 것입니다. 한국교회는 "그러므로 네가 어디에서 빗나갔는지를 생각하여 뉘우치고, 처음에 하던 일을 다시 하여라. 만일 그렇지 않고 뉘우치지 않으면 내가 가서 너의 등경을 그 자리에서 치워 버리겠다."(요한묵시록 2: 5)라는 주님의 말씀을 깊이 묵상해야 할 것입니다.

함께하는 글

정겨운 독일인 예언자의 목소리

주대범 장로(중앙루터교회)

내가 십대일 때 선친께서는 방송작가로서 한국루터교회의 일을 도우셨고, 루터교 선교사들에 대하여 참 좋은 느낌을 받곤 한다는 말씀을 자주 하셨습니다. 나도 그렇습니다. 일반적으로 선교사들과 더 깊은 교감을 나누었고, 그들에게서 더 격려 받았으며 합리적으로 일할 기회를 얻었습니다.

특히 이말테 목사님은 소박하고도 푸근한 인품으로 쉬 친구가 되었습니다. 교회에서 친구라 함은 좋은 신앙적 동지를 말합니다. 우리는 친구로서 자신의 관심사를 맘 편히 나누며 뜻을 합하곤 하였습니다.

교회 바로 앞에 이 목사님의 사택이 있는데, 나는 그의 집 앞에서 짧은 휴식을 즐길 때가 많습니다. 그래서 집에 들고나는 그를 자주 만나게 되고 그때마다 한참을 서서 우의를 다집니다.

본질에서 비껴가기를 잘하는 미국의 기독교가 우리나라에 전해진 것이 안타까울 때가 많습니다. 그 여파와 관습으로 한국교회는 더 멍들고 쉬 곪았습니다. 유럽교회를 통해 우리를 살펴야 함이 모범입니다.

종교개혁 500돌을 맞아, 다행히 예언자적 사명을 잘 감당하시는 여러 목사님들을 보는 것이 요즘의 기쁨이요 보람인데, 이말테 목사님도 그런 예언자 중의 한 분입니다. 그는 겸손하고 점잖으면서도 세세한 것까지 잘 들여다보며 문제들을 건강하게 풀어내는 귀한 은사를 받았습니다. 그러므로 이 시대, 서울에 살면서 좀 따갑지만 정겹게 풀어내는 독일인 예언자의 목소리에 모두 귀 기울이기를 바랍니다.

책머리에

요즈음 제가 쓴 한국어 책이 있느냐는 질문을 가끔 받습니다. 학문적 논문들이 독일어, 영어 그리고 한국어로 출판되었고 독일어 책 두 권을 냈지만 한국어 책은 아직 출판되지 않아서 없다고 대답해 왔습니다. 그 부족함을 이제 채우게 됩니다.

이 작은 책에서 저의 일생 이야기도 하고, 한국에서 경험했던 사회와 문화와 교회 이야기도 하고, 교회에 대한 저의 생각들과 개혁 제안까지 모두 기록하였습니다. 제일 많이 강조한 부분은 현 한국 개신교회의 상황입니다.

전 세계의 주목을 받았던 한국 개신교의 급속한 양적 성장 시기가 끝났고 요즈음 교회는 위기에 처하였습니다. 위기라는 사실은 모두가 인정하면서도 그 위기를 어떻게 이해하고 대처해야 하는지에 대하여는 의견들이 매우 다양합니다. 아직 토론 중입니다. 필자는 이 책이 그 토론과 위기의 극복에 도움이 되기를 희망합니다.

저는 외국 사람이지만 한국인 독자의 마음을 아프게 하는 이야기도 할 수밖에 없습니다. 필자가 예의 없다고 판단하지 마시고 병든 것을 분명히 진단하기 위해서 비판이 날카로운 것이라고 독자 여러분께서 넉넉히 이해해 주시기를 부탁합니다. 아울러 한글 표현에 능숙하지 못한 점도 양해해 주시기 바랍니다.

수많은 분들께 감사하고 싶습니다. 저를 키워주신 부모님과 가르쳐주신 선생님들부터 한국에서 일할 수 있는 기회를 주시고 한국 문화와 사회와 그리고 한국교회를 설명해 주신 분들까지 모두 감사드립니다. 저랑 이 삶의 모험을 때때로 견디고 때때로 즐기며 함께 가는 동반자에게도 감사합니다.

이 책이 나오기까지 도와주신 모든 분들께 감사드립니다. 신앙과지성사와 연결시켜주신 한국기독교교회협의회 김영주 총무님과 저에 대하여 관심을 주신 출판사 최병천 장로님과 편집 출판 과정에서 여러모로 애써주신 홍승표 박사님과 김신애, 정해선 목사님 그리고 신앙과지성사의 직원들에게 깊이 감사드립니다.

2017년 가을이 오는 길목에서

이말테

Malte Rhinow

차례

프롤로그

우리 집 거실에 이철수 화백의 목판이 있습니다. 줄 네 개가 보입니다. 제일 윗 줄에 사람이 걷고 있습니다. 밑에 이런 글이 쓰여져 있습니다:

> "당신이 그렇게. 걷고 또
> 걸으면. 언젠가 사람들이
> 길이라고 부르겠지."
> – '길' 철수 2000

맞습니다. 목적을 세우고 그 목적을 위하여 사는 사람들이 있지만 주로 큰 목적 없이 매일매일 살아가는 사람들이 대다수입니다. 기독교인들이 더 그렇습니다. 자신이 삶의 방향이나 목적을 세우지 않고 하나님의 인도하심에 따라 삽니다. 저는 어렸을 때 부자가 되고 싶다는 생각을 했었는데 하나님의 인도하심으로 이 목적이 없어졌습니다. 스물다섯 살까지만 해도 독일 바이에른 주에서 살 것이라고 생각했습니다. 한국에 가서 살게 될 것은 상상도 못했습니다. 그리고 1992년에 한국에 왔을 때도 한국에서 25년 이상이나 살 생각은 꿈에도 하지 않았습니다. 오자마자 어느 캐나다 선교사의 30주년 축하예배가 있었는데 그 예배에 참여하면서 '도대체 어떻게 외국 사람으로서 30년이나 한국에서 살 수 있는가?'라는 생각을 했습니다. 그러나 지금 제가 벌써 25년 넘게 살았습니다. 놀랍습니다.

인간의 생애이든 인류의 역사이든 끝에서 보아야 그 삶의 특징이나 의미가 나타납니다. 저의 삶도 예외가 아닐 것입니다. 몇 년마다 제가 하는 일이 변했습니다. 한국에 와서 처음에는 한국기독교장로회 선교사로 일했습니다. 일 년 반 이상 한국어를 공부하면서 한신대학교에서 독일어를 가르쳤습니다. 그 후에 독일어교육 외에 기장 총회 본부 해외선교국에서 일했습니다. 1997년에 계약이 연장된 후에는 재정적 어려움 때문에 베를린선교회 동아시아 담당자 자리를 없앴기 때문에 매년 두 달 정도는 독일에 가서 동독 지역에서 교회들을 방문하여 선교활동을 하고 학교에서 동독 목사들이 기피하는 기독교교육도 했고 선교회에서 한국 분야를 위하여서도 활동했습니다. 그리고 한국에서는 총회교육원에서 이춘선 박사와 로리 크로커(Lori Crocker) 선교사와 함께 참여교육 세미나를 개설하여 가르칠 기회도 얻었습니다.

2000년부터는 기독교한국루터회를 위하여 일하기 시작했습니다. 그리고 동시에 재한독일어권교회(egds) 목회도 했습니다. 2002년부터 루터교회 교회개발원을 설립하고 원장으로 일하는 사명을 받았습니다. 2005년 봄학기부터 루터대학교 교수로 임명 받았습니다. 처음에는 예배학 중심으로 가르쳤습니다. 가을학기부터 영성학도 가르치기 시작했고, 2012년부터 설교학, 2013년부터 선교학과 종교학도 담당하기 시작했고, 2014년부터는 목회학까지 맡게 됨으로써 실천신학의 대부분을 담당하게 되었습니다. 교수 임명으로 박사학위도 필요하게 되었습니다. 그래서 2005년부터 새벽기도를 연구하며 박사논문을 작성하기 시작했습니다. 전에 알려지지 않았던 자료들이 많이 발견되었기 때문에 새벽기도의 초기를 새롭게 작성하게 되었습니다. 2010년 여름에 박사논문을 제출하고 2011년 2월에 독일 노이엔데텔사우에 있는 아우구스타나대학교에서 학위를 받았습니다.

학회 활동도 했고 2010년부터 실천신학회 이사가 되었고 2014-15년에 한국예배학회 회장직도 맡았습니다. 그리고 2015년에 언론들이 저에게 관심을 보이기 시작했습니다. 그래서 2016년부터 신문, 인터넷, 라디오, TV에서까지 활동하기 시작했습니다. 루터대학교 총장의 요청으로 2016년 12월부터 CBS 성서학당에서 누가복음도 가르치기 시작했습니다.

처음부터 이러한 계획들이 있었던 것이 아니라 하나씩 저에게 다가오고 있었습니다. 걷고 또 걸어서 길이 되었습니다. 이철수 화백의 말이 맞습니다.

그러나 다르게도 볼 수 있습니다. 아니면 보아야 할 것입니다. 우리가 느끼기로는 계획없이 한 걸음씩 걷는 것일지라도 그냥 가는 것이 아닐 것입니다. 뒤돌아볼 때 하나님의 인도하심이었다고 고백할 수밖에 없습니다. 제가 아직 전혀 몰랐을 때 하나님이 저를 이미 인도하신 모양입니다.

저는 1957년 6월 29일에 태어났습니다. 그날은 성 베드로와 사도 바울의 날이어서 제가 살았던 바이에른 주에서는 그날이 공휴일이었습니다. 그래서 생일날 항상 쉰다고 제가 좋아했습니다. 그러나 베드로는 유태인 선교의 대표이고 바울은 이방인 선교의 대표였으니 그땐 미처 몰랐지만 저는 태어날 때부터 이미 선교와 인연이 깊었습니다.

부모님이 저에게 말테 프리드리히(Malte Friedrich)라는 이름을 주셨습니다. 릴케(Rilke)의 수기를 좋아해서 말테(Malte)라는 이름을 선택했습니다. 그리고 외할아버지의 이름도 주셨습니다. 그는 다알(Friedrich Dahl)이었습니다. 제가 외할아버지를 많이 존경했습니다. 그러나 알고 보니 저의 조상들 중에 마지막 목회자였던 푸스트쿠헨(Johann Friedrich Wilhelm Pustkuchen, 1793-1834)의 둘째 이름과 동일합니다. 목사의 전통이 이어졌다는 흔적이었습니다.

세 번째 흔적은 저의 세례식이었습니다. 1958년 3월 2일이었는데 세례식 때 제가 목사님의 성경책을 잡고 놓지 않았다고 합니다. 그래서 목사님이 이 아이가 목사가 될 것이라고 말했다고 합니다. 예언같이 들립니다. 제가 그 이야기를 신학생이 된 후에 처음으로 들었습니다.

나중에 하나님이 저를 처음부터 선택하셨고 인도하셨던 수많은 흔적들을 발견했습니다. 몇 가지 이야기들을 이 책에 기록했습니다. 그러나 다 신학의 길을 선택한 후에 발견했던 것입니다. 처음에는 몰랐습니다. 그래서 우리가 한 걸음씩 가는 것인데 하나님은 우리의 인생 전체를 처음부터 아시고 우리를 인도하신다는 느낌이 듭니다. 독자들도 이러한 하나님의 인도하심의 흔적들을 발견하실 수 있을 것입니다.

이 책이 저의 일생 이야기만 하는 것이 아닙니다. 저의 한국 교회에 대한 입장도 포함합니다. 그래서 "독일인 목사의 한국교회 이야기"입니다. 제목을 "서울에서 만난 루터"라고 하였는데 한국 개신교회를 보면서 루터의 사상을 독일에서 살았을 때보다 더 깊이 이해하게 되었습니다. 또 루터의 사상이 한국교회를 위해서도 얼마나 중요한지를 발견했습니다. 그래서 한국교회를 사랑하는 마음으로 루터의 신학을 재조명하며 가르쳤습니다. 그리고 한국 개신교회가 현 위기를 극복하기 위하여 루터의 종교개혁이 도움이 될 수 있다고 생각하면서 루터 입장을 바탕으로 교회 개혁을 제안하기 시작했습니다. 이 책에서도 이러한 비판과 제안을 서술했습니다. 가끔 독자의 마음이 불편하고 아플 것입니다.

밖에서 온 사람이기에 현지 사람처럼 상황을 깊게 이해하지 못할 것입니다. 그러나 반면에 현지인이 발견하지 못하는 것들을 밖에서 온 사람이 볼 수 있는 경우도 있습니다. 낯설음의 은사입니다. 수십 년 동안 급성장을 경험한 한국 개신교회가 세계교회를 놀라게 했습니다. 그러나 요즈음 교회성장 시대가 끝났고 한국 개신교회들이 성장 둔화에 처해 있습니다. 염증이 생기면 치료방법이 여러 가지 있습니다. 심할 경우에는 그 염증이 있는 부분을 잘라내어야 합니다. 얼마나 아프겠습니까? 한국 개신교회도 현 위기를 극복하기 위하여 아픔을 피할 수 없을 것입니다. 포기해야 할 것이 많습니다. 새롭게 배워야 할 것도 많을 것입니다. 위기를 기회로 보시기 바랍니다. 기독교인들은 욕심을 내는 사람들이 아니라 하나님이 원하시는 것이 무엇인지에 집중하는 사람들입니다. 하나님이 우리를 하나님의 미래 혹은 하나님 나라로 인도하시기 원하십니다. 옛 것을 버리고 새 아담이 되는 길을 갑시다!

> "너희는 유혹의 욕심을 따라 썩어져 가는 구습을 따르는 옛 사람을 벗어 버리고 오직 너희의 심령이 새롭게 되어 하나님을 따라 의와 진리의 거룩함으로 지으심을 받은 새 사람을 입으라."(엡 4:22-24)

마당 1

은총 가운데 열린 삶

1_ 나의 어린 시절

말테 가문의 문장

저는 독일 남부지역 바이에른 주 수도 뮌헨 시에서 태어났습니다. 부모님은 그 지역 출신이 아닙니다. 원래 베를린 주변에서 살았는데, 제2차 세계대전 때 아버지가 오늘의 폴란드 지역에서 베를린으로 피난했습니다. 그러나 베를린 시내 공습이 심해지자 베를린 서쪽 주변으로 다시 옮기게 되었고 그 지역 학교를 다니면서 어머니를 만났습니다. 저의 부모님은 캠퍼스 커플이 되었습니다. 부모님이 살았던 곳은 나중에 소련이 점령하였습니다. 소련이 완전히 지배하게 되었기 때문에 외가 쪽이 먼저 뮌헨으로 피난을 갔습니다.

아버지는 교육대학을 나오지도 않고 교사가 되었는데, 제2차 세계대전 이후에 교사가 부족하였기 때문입니다. 그러나 학교에서 사회주의를 가르쳐야 한다는 것을 별로 좋아하지 않았습니다. 아버지는 사회주의를 반대했고 애인이 보고 싶기도 해서 가방 하나 달랑 들고 뮌헨으로 이사를 하게 되었습니다. 그때 당시 법은 짐으로 가방 하나만을 가지고 갈 수 있었습니다. 아무것도 가진 것 없이 뮌헨으로 가서 뮌헨 교육대학에서 공부하고 졸업 후 교사가 되자마자 어머니와 결혼해서 우리 형제를 뮌헨에서 낳았습니다. 2년 먼저 형이 태어났고 그리고 제가 1957년에 태어났습니다.

아버지가 뮌헨 근교 학교의 교사로 임명받아서 우리는 그곳 시골에서 살게 되었습니다. 시골이 좋았지요. 들판에서 매일매일 맘껏 뛰어놀며 살았습니다. 뮌헨에서 10킬로미터밖에 떨어지지 않은 곳이었지만 그때는 시골이었습니다. 그곳 농부들의 감자 수확도 도와줄 수 있었습니다. 기차가 석탄 화력으로 움직이던 때라서 가끔은 석탄이 튀어서 들판에 불이 나기도 했는데 '소방대원' 역할도 하게 되었고요. 그래서 온 마을 사람들을 우리가 살렸다는 자부심도 있었습니다. 아주 행복했습니다.

형과 함께 놀면서(1963)

대림절에 가족들이 성서를 읽으며(1966)

물론 어머니에게는 어려운 시간이었습니다. 아들만 넷을 낳았기 때문에 여동생이나 누나가 없어 어머니 혼자 살림을 도맡아 하셨지요. 그래도 제가 많이 도왔습니다. 세탁기도 없었고 난로를 피우기 위해서는 석탄을 사용했습니다. 그래서 할 일이 아주 많았습니다. 모든 것을 손으로 해야 했기 때문에 어머니가 너무 바쁘셨습니다. 그럼에도 불구하고 우리가 오전에 나가서 놀다가 더럽혀진 옷으로 점심때 돌아와도 야단치지 않고 새 옷으로 갈아입혔고, 갈아입은 옷을 입고 다시 나가서 저녁에 흙투성이가 되어 들어와도 아무 말 하지 않으셨습니다. 우리는 정말 마음껏 놀면서 밭에서 딸기, 콩 등의 농작물들을 키우기도 했습니다. 씨앗이 흙과 하나가 되어 땅에서 식물이 나고 열매를 먹을 수 있다는 사실이 아주 신비롭게 느껴졌습니다. 자유가 많았고 행복했습니다.

사람들은 대부분 어린 시절을 행복하게 기억하는데 저는 좀 다릅니다. 어느 날 부모님이 모르는 사람의 자동차는 타지 말라고 당부를 하셨어요. 어린이를 유괴하는 사람들도 있다고 말입니다. 그 말을 듣고 저는 이 세상에 나쁜 사람들도 있다는 사실에 퍽 놀랐습니다. 우리가 행복하게 사는 세상 속에 위험도 있고, 악도 있다는 깨달음은 아주 충격적이었습니다. 밤에 악몽을 꾸기 시작했습니다. 밤마다 유괴범이 저를 쫓아오고 아무리 도망쳐도 금방 저를 찾아냈습니다. 아주 힘들었습니다.

그리고 어렸을 때 수술을 한 번 받았는데 의사들은 부모가 매일매일 방문하는 것이 아이에게는 여러 차례 헤어져야 하는 충격을 주는 것과 같다고 하였습니다. 그래서 3-4일 간격으로 부모님이 저를 보러 왔는데, 그때 혼자 병실에 있으면서 무엇인가를 상실한 듯한 감정에 지배되어 그 충격 때문에 퇴원 후에 어머니와의 대화를 거부하기까지 했다고 합니다. 아버지는 형에 대한 관심이 컸고, 형에게 많이 집중하셨습니다. 그래서 저는 어머니에게 애착을 많이 느꼈는데, 병원에서 쌓인 서운한 감정이 사라질 때까지 꽤 긴 시간이 필요했던 것 같습니다.

집 앞 정원에서 세 살 때의 말테(1960)

그런 어린 시절을 보내며 세상에 악이 있다는 것을 알았고, 성경을 일찍 읽기 시작했는데 성경에서도 그 악을 발견했습니다. 형이 먼저 성경책을 읽기 시작했고, 저도 그 영향으로 일찍 책을 읽고 글을 쓸 수 있었습니다. 부모님이 가져다준 어린이 성경에서 읽은 이야기들이 굉장히 재미있었습니다. 하나님의 창조, 에덴동산의 삶, 홍수 이야기 등 그림까지 아주 인상적이었습니다. 아브라함이 오랫동안 기다렸던 자신의 아들을 희생제물로 드리라는 명령을 받는 장면은 엄청난 충격이었습니다. 아주 깊게 제 경험인 것처럼 느꼈습니다. 밤마다 그런 이야기를 읽은 다음에는 꿈을 꿨습니다. 꿈에서 성경인물들이 겪은 일을 제가 직접 경험하는 경우도 많았습니다.

한번은 동물원에 가서 하마 앞에 섰는데 그 하마가 큰 입을 벌렸습니다. 요나 이야기를 읽을 때, 큰 물고기의 입 속으로 요나가 들어가잖아요? 그날 밤 제가 그 하마 입 안으로 떨어져서 요나가 되는 꿈을 꿨습니다. 그래서 계속 성경 이야기를 남의 이야기로 보지 않고, 나의 생명, 나의 삶의 이야기로 느꼈습니다.

안네 드 프리스 어린이 성경의 드예르드 보테마 화백의 그림 〈요나〉(1959)

악에 관한 이야기도 아주 인상적이었습니다. 예를 들어 어느 날 숨바꼭질을 했는데 이 게임의 규칙은 약속된 범위, 지역에서만 숨는 것이었습니다. 형과 형의 친구 그리고 저 이렇게 셋이서 함께 했는데, 형들이 약속한 지역을 벗어나 버렸습니다. 제가 귀찮았던 겁니다. 찾고 또 찾아도 못 찾다가 그들이 나만 두고 떠났다는 사실을 알게 되었을 때 저는 화가 치밀어 올랐습니다. 당시 저는 두 살 반이었는데 도끼를 들고 형을 죽이려고 했습니다. 어머니가 창문에서 내려다보고 달려와서 도끼를 빼앗았습니다. 어머니가 도대체 무슨 일이 있었냐고 물어보셨지만 저는 분을 쉽게 풀지 못했고, 배신감을 깊이 느껴서인지 엄청 울었다고 합니다. 나중에 성경을 읽다가 '내가 바로 가인이구나' 하는 고백을 하게 되었습니다. 그런 성경 이야기를 어린 시절에도 저의 이야기로 느꼈습니다.

또 제가 취학 전, 어느 날 서커스를 봤어요. 큰 서커스였기 때문에 사자와 기린도 있었습니다. 커다란 천막 안에 들어가서 공연을 보던 중에 갑자기 폭풍이 와서 천막이 날아가고 비가 세차게 쏟아졌습니다. 비는 200밀리미터 높이까지 내렸고, 천막을 벗어난 사자들이 그냥 돌아다니고 기린들이 우리 바로 옆집의 지붕 아래로 숨으려고 시도하다가 키가 너무 커서 뜻대로 하지 못하는 모습을 옆에서 지켜볼 수 있었습니다. 그때 이것이 완전히 말세구나, 노아의 홍수가 이렇구나 하는 생각을 했습니다. 우리는 홍수로 죽지 않는다는 약속을 받았고, 또 성경 이야기에서 위로의 말씀을 받았고, 기쁜 소식도 많이 받았습니다. 선한 목자께서 우리를 보호해 주시고 이끌어주신다는 말씀이 매우 좋았습니다.

2 신학공부의 길목에서

우리 가족은 신앙적으로 열심 있는 가족이 아니었습니다. 부모님은 성탄절, 부활절, 추수감사절 정도만 우리를 데리고 교회에 가셨습니다. 아버지는 교사 교육과정에서 신학 공부를 좀 하셨지만 외조부모님은 기독교에 별로 관심이 없었고 결국 힌두교인이 되었습니다. 사실은 저희 외증조할아버지가 아주 열심 있는 기독교인이었어요. 혼자서 히브리어와 헬라어를 공부하고, 성서연구를 했으며 할아버지는 목사가 되고 싶었지만 가정 형편 때문에 공부를 계속 할 수 없게 되자 기독교를 싫어하기 시작했습니다. 우리 집안에서는 19세기 이후로 단 한 명의 목사도 나오지 않았습니다. 제가 목사가 된 것도 정말 기적입니다.

제가 신학을 공부하겠다는 결정을 내린 것도 정말 놀라운 일이었습니다. 왜냐하면 나이를 먹을수록 학교를 싫어하고 자유를 원했기 때문입니다. 사실 독일 학교제도는 한국과 비교하면 자유를 많이 허용하는 편인데도 저는 조금만 압박당해도 스스로 도피하려고 했습니니다. 제가 13학년이 되었을 때, 계속 어려운 시험을 봐야 졸업할 수 있기 때문에 수학, 영어 같은 수업은 빠질 수 없었습니다. 대신 기독교교육 시간에는 선생님의 눈을 피해 빠져나갈 수 있었습니다. F학점을 받을 수도 있지만 기독교교육을 담당하던 목사님들이 자주 눈감아 주셨습니다. 그래서 그 종교교육 수업시간마다 친구들과 함께 화장실로 가서 학교를 비판했습니다. 교사들을 비판하고 교육제도를 비판하고 정치와 독일과 온 인류와 세계 전체를 비판했습니다. 그러던 중에 한 친구가 질문을 던졌습니다. "진리가 무엇일까?" 당시 18세였던 우리는 그 질문에 대해 아무런 대답을 하지 못했습니다.

그러자 한 친구가 우리가 지금 철학을 공부해야 한다고 제안했습니다. 그래서 제가 철학가들은 여러 진리가 있다고 말하는데, 신학자들은 진리가 하나밖에 없다고 말을 하니 신학을 공부하는 것이 좋겠다고 제안을 하게 되었습니다. 그래서 셋 중에 두 사람은 신학 공부를 시작하게 되었습니다. 우리는 취미로 진리를 찾기 위해서 신학을 공부하기 시작했던 것입니다. 사실은 제가 기독교교육을 담당했던 목사님을 좋아했습니다. 구두시험 결과는 F학점이었지만, 필기시험은 A학점을 받아 3.5평점을 받았습니다. 어느 날 목사님이 제 이름을 불렀습니다. "말테야. 시험을 한 가지 더 볼까? 3점을 얻을 수 있도록 구두시험을 볼까?"라고 물으셨습니다. 제게 편의를 제공하시려는 것 같아서 거절했기 때문에 제일 낮은 점수인 4점으로 겨우 그 과목을 통과할 수 있었습니다. 종교과목에서 평점 4점을 받은 목사는 바이에른 주에 아무도 없었을 겁니다. 바로 D학점입니다. 그렇듯 저는 학과 공부보다는 오로지 진리 탐구에만 관심을 갖고 있었습니다.

뮌헨대학교에서는 사회학과 공부에 관심을 가졌고, 신학 공부는 너무도 힘들었습니다. 헬라어, 히브리어를 통해서는 제가 찾고 있던 질문의 답을 얻을 수 없었습니다. 학업을 포기할까 하는 마음도 들었지만 진리란 무엇인가 하는 이 생각에 사로잡혀 계속해서 억지로 공부할 수밖에 없었습니다. 3학기째 되었을 때 유명한 판넨베르크 교수의 조교였던 군터 벤츠가 폴 틸리히에 관한 논문으로 박사학위를 받았습니다. 『존재에로의 용기』라는 그 책을 중심으로 세미나를 개설한다는 소식을 들었습니다. 그 책을 읽으면서 같이 토론하며 공부했는데 그곳에서 제가 찾고 있던 해답을 얻을 수 있었습니다. 신은 누구인가, 삶의 의미가 무엇인가 등, 진리에 대해서 답을 얻는 순간 신학의 매력에 푹 빠져들게 되었습니다. 저에게 그분은 생의 은인과 같은 존재입니다.

그때부터 저는 이성적으로 하나님을 찾기 시작했습니다. '마음'

신학공부 문을 연 뮌헨대학교

이 아니라 '생각'으로, '사고'로 하나님을 찾았던 것입니다. 어느 정도 머리로는 하나님을 믿기 시작했습니다. 제가 이미 어렸을 때 마음으로 믿었다는 것은 나중에서야 깨닫게 되었습니다. 아무튼 이성으로 믿기 시작했습니다. 졸업시험을 이미 치르고 졸업할 수 있는 조건을 다 갖췄음에도 불구하고 신학 공부에 전념하기 위하여 직업을 위해 동시에 전공하고 있던 사회학을 포기했습니다.

저는 나중에 변증론적 신학사상과 같은 다른 신학사상도 배우고자 본(Bonn)대학교로 옮겼습니다. 당시 서독의 수도이자 유명한 신학자 칼 바르트가 교수생활을 했던 그 대학교에서 공부를 시작했습니다. 그 전통은 오늘까지도 살아 있습니다. 당시 칼 바르트의 제자들이 변증신학을 가르쳤습니다. 거기에서 독일 개신교의 첫 여성 목사들 중 한 사람이었던 80대 선생님이 자기 집에서 지도한 바르트의 교회교의학 공부반을 다녔습니다. 학생들에게 수업시간 외에 과외로 칼 바르트의 교의학을 가르쳤습니다. 이 여성목사로부터도 참 많은 것을 배웠습니다. 처음에는 심각하게 논쟁하며 토론하기도 했습니다. 그 모임에는 실력 있는 최고의 학생들이 참여했고, 교수들까지 참여했습니다. 칼 바르트의 교의학을 이해하기까지는 오랜 시간이 걸렸습니다. 그럼에도 불구하고 저는 칼 바르트를 아주 귀하게 생각합니다.

그때까지 이성으로 신학을 하였으나, 아내를 만난 후 제게 변화가 일어나기 시작했습니다. 저와 달리 성령파였던 아내를 따라 부흥회도 참석하고 성령 충만한 예배도 경험하게 되었습니다. 처음에는 어색했지만, 그 경험을 통하여 마음으로도 하나님을 믿기 시작했습니다. 오순절, Jesus House라는 독립교회, 형제교회에도 참여하며 흥미를 느꼈고, 하나님의 신비를 느꼈습니다. 그리고 제게 아직 부족한 것이 많다는 것을 인정하게 되었습니다.

어쨌든 하나님과 점점 더 가까워졌기 때문에 목사안수를 위한 준목과정을 시작해야 할지 말지를 두고 무척 고민했습니다. 학생들은 신학대학을 졸업하자마자 2년 반 기간의 준목과정을 마쳐야 합니다. 담임목사의 지도로 목회를 시작하는 겁니다. 한국에서는 전도사나 수련목회자가 비서 역할을 하지만, 독일교회는 목회를 합니다. 저는 준목과정을 결혼하기 전에 시작했습니다. 제게 이러한 변화가 없었다면 아내는 저랑 결혼하지 않았을 것입니다. 저를 신뢰할 만한 사람이 아니라 여겼을 것 같습니다. 그런데 준목사역을 아주 특별한 교회에서 하게 되었습니다. 성령님이 아주 특별하게 역사하셨습니다. 수많은 사람들이 방언을 하고 암치료 받는 성령의 역사를 목격하게 되었습니다. 일반적인 독일교회에서 볼 수 없는 현상이었습니다.

저는 이성으로 하나님을 믿었지만 마음으로는 하나님을 미워하고 있었습니다. 하나님은 이 악한 세상을 왜 만들었을까? 정말 나쁜 분이라는 생각을 했습니다. 왜 악이 존재하도록 만드셨을까 생각하며 미워했던 것입니다. 그리고 이웃도 미워했습니다. 제가 자전거를 타고 다니던 시절입니다. 독일 사람들이 자동차에 미쳐 있었습니다. 자동차를 타는 사람들이 매연가스를 만들고, 나를 위협하기도 하고, 차에 치여 죽은 동물들을 방치하는 것을 흔히 볼 수 있었기 때문에 그 사람들을 미워했습니다. 물론 제 자신도 미워했습니다.

어느 날 목회신학대학원에서 세미나가 있었습니다. 우리는 낮에는 유익한 학문적 훈련을 받고 저녁 자유시간이면 토론을 했습니다. 그 세미나에서 갑자기 다른 준목이 저에게 "말테야, 예수님이 너를 사랑하신다"라고 말했습니다. "수준 있는 토론하는데 그런 유치한 소리는 하지 말라"라고 저는 거칠게 말했습니다. 10분 후에 그는 또 동일한 말을 했습니다. 그래서 폭발하듯 화를 냈습니다. 그렇지만 하나님의 말씀은 열매를 맺게 합니다.

저는 매일 아침에 일어나자마자 창문을 내려다보면서 신호등 앞에 줄지어 선 자동차들을 보며 "이 나쁜 사람들이 아직도 차를 포기 못하는구나"라고 중얼거리면서 하루를 시작했습니다. 저는 늘 자전거를 타고 다녔습니다. 그러던 어느 날 창문을 내려다보는데 전혀 화가 나지 않았습니다. 기분이 좋아서 휘파람을 불고 찬양하면서 목욕탕으로 들어갔습니다. 제 자신을 미워했기 때문에 보통 거울도 제대로 안 쳐다보았지만 그날은 거울 속의 제 모습을 보고 "굿모닝 말테!" 하고 인사를 했습니다.

왜 갑자기 내 자신이 좋아졌지? 왜 이렇게 행복하지? 모든 게 이상했습니다. 사람들을 만날 때마다 기분이 굉장히 좋았고 그 사람이 좋아졌습니다. 첫째 날 하루 종일 그런 경험을 하고 다음 날, 그다음 날도 계속해서 같은 경험을 했습니다. 뭔가 이상하다 싶어 이 상황에 대해 깊이 생각했습니다. 도둑이 밤에 들어와서 내게 최면을 걸었나 하는 생각도 들었습니다. 그런데 그 어디에도 침입한 흔적이 없었습니다. 강도가 든 것도 아니었습니다. "아, 하나님이 하셨구나!"라는 생각이 들었습니다. 하나님께서 이 불쌍한 놈을 해방시킬 생각을 하셨나 봅니다. 자기 자신을 괴롭히고, 남을 괴롭히며 아주 힘들게 사는 사람이었고, 준목으로서 남의 시선을 의식해서 착한 척도 해야 했는데 그날 하나님께서 그런 저를 불쌍히 여기셔서 해방시켜 주셨습니다. 하나님이 직접 하신 건지 성령을 보내셔서 하신 건지 천사를 보내셨는지는 알 수 없으나 그때부터 오늘까지 그 놀라운 경험을 지속적으로 소중하게 간직하고 있습니다.

컴퓨터와 비교한다면 하드웨어는 그대로인데 소프트웨어를 새롭게 했다는 말로도 설명할 수 있습니다. 그 전과 후가 엄청 차이납니다. 뿐만 아니라 지금은 아주 행복한 예수쟁이가 되었습니다. 매일매일 정말 행복했습니다. 목회하는 것도 너무 좋았습니다. 설교할 때면 기쁜 소식을 얼마나 힘차게 선포했는지 모릅니다. 교회에서 뜨겁게 기도하는 기도회도 자주 인도했습니다. 암에 걸린 사람도 죽기 직전에 살아났습니다. 처음에는 방언하는 모습이 불편하게 여겨져서 억지로 참여했습니다. "내가 목회자가 되길 원하신다면 정말 도움이 되는 은사를 주세요"라고 기도했습니다. "영 분별의 은사를 주세요"라고 기도했습니다. 바로 그 순간 그 은사를 받았습니다. 영 분별의 은사는 다양하지만 저는 아주 강하게 받았던 것 같습니다. 사람을 만났을 때 그 사람이 하나님의 편에 있는지 아닌지를 직접 알 수 있었습니다. 지금은 그 은사가 없어졌지만 처음에 그 은사를 받고 견디기가 어려웠습니다. 경험이 아주 없었던 사람으로서 너무 힘들었습니다. 나중에 천주교의 주교가 된 신부가 제게 너무도 놀랍다고 말했습니다. 그런 경험을 하는 사람들은 대부분 감독들인데 어떻게 젊은 사람이 그런 은사를 받았느냐고 물었습니다. 교인들을 볼 때에 다 예수를 믿는 줄 알았는데 아니었습니다. 겉으로는 알 수가 없습니다. 제 친구들 중에도 다소 어두웠던 사람도 있었고, 또 신앙적 갈등을 겪고 있는 사람도 많았습니다.

은사를 받고 나니 더 열심히 기도하고 싶은 마음이 생겼습니다. 뮌헨에 갈 때면 1시간 반 정도의 시간이 소요됩니다. 결혼 전, 아내가 뮌헨에 있어서 방문하러 그곳에 가는 길에 열차 안에서 기도를 했습니다. 제 생각에는 10분 정도 기도를 했나 싶었는데 이미 뮌헨에 도착한 것이었습니다. 1시간 30분 동안이나 기도를 했던 것이었습니다. 그렇게 기도를 좋아하게 되었습니다. 뜨거웠습니다. 아무런 말을 하지 않아도 다른 사람들의 영적인 차원을 느낄 수 있었습니다.

저는 다른 사람에게 아무런 행동을 하지도 않았지만 그들은 저를 공격하기 시작했습니다. 위협을 했던 것입니다. 그러한 영적인 '공격'을 당하자 견디기 힘들었습니다. 결국 저는 몇 주 후에 은사를 거둬달라고 기도했습니다. 그랬더니 그 순간에 사라졌습니다. 영적 분별력은 비록 약하지만 아직도 약간의 흔적이 남아 있습니다. 누군가가 성서적 근거 없이 터무니없는 신학을 늘어놓을 때면 제가 견디기 힘듭니다. 그리고 화가 치밉니다. 정당한 이유나 근거가 없이 나쁜 행동을 하거나, 사실과 어긋나는 거짓을 늘어놓는 것을 볼 때면 견디기 힘들어서 제가 피해서 나가기도 합니다. 한국에 와서도 그와 같은 경험이 몇 번 있습니다. 설교 중에 나가면 예의가 아니기에 참고 참다가 어쩔 수 없이 뛰쳐나가곤 했습니다. 교리적으로 큰 문제가 있는 것은 아닙니다. 그렇지만 말도 안 되는 설교를 하는 것을 들을 때면 견디지 못했던 겁니다. 방송을 통해 들었다면 채널을 돌려버리면 되니까 차라리 그 편이 좋지만 그럴 수 없는 자리에서는 참기 힘든 일이었습니다.

이런 경험도 했습니다. 제가 신학입문 강의를 들을 때였습니다. 하루는 렌토르프 교수가 "성경책을 한번 보시기 바랍니다. 그리고 로마서 3장을 찾으시기 바랍니다"라고 말씀하셨습니다. 로마서? 처음 들었습니다. 로마서가 뭐지? 그때까지는 어린이 성경책만 보았기 때문에 로마서를 처음 들었던 것입니다. 신학대학교 1학년 때인데, 구약에서부터 찾기 시작해서 신약 끝에 있는 로마서를 겨우 찾아서 읽었습니다. 신학공부를 정말 백지상태에서 시작했다는 것을 의미합니다.

오히려 그런 창피한 상태가 신학을 제대로 쌓아나가는 데 토대가 되었는지 모르겠습니다. 저는 아주 특별한 경우입니다. 목회자가 되기 위해 공부를 시작한 것도 아니고, 믿음이 있는 상태에서 공부한 것도 아니었습니다. 그래서 다른 사람들이 겪는 혼란과 어려움은 없었습니다. 신학을 학문적으로 공부하고 자기의 경건을 비판하는 내용을 많이 배우면서 갈등하거나 공부를 포기하는 경우도 있습니다. 때론 학생들이 믿음의 근간이 흔들리는 경험을 하게 되는데 저는 그와 같은 신앙의 위기를 겪지 않을 수 있었습니다. 저는 하나님을 전혀 알지 못한다고 생각했습니다. 그래서 하나님을 찾는 사람으로 시작했기 때문에 하나님을 찾을 수 있었습니다. 점점 하나님과 가까워졌습니다.

경건주의자들을 만났을 때에도 저는 상처를 입지 않았습니다. 그들은 율법주의적인 명령을 너무 많이 합니다. 성적인 것을 완전히 금지시키고, 양심을 향하여 아주 공격적인 말을 많이 합니다. 그래서 젊은이들은 견디기 힘들어하고, 상처받는 신학생들도 많았습니다. 그러나 저에게는 별 영향을 못끼쳤습니다. 저는 경건파 사람들과 만날 때, 이미 '성숙한' 신학생이었습니다. 상처받지 않고 오히려 진리 탐구에 대한 흥미와 나 자신의 부족함을 채우는 방식으로 공부했기 때문에 큰 어려움이 없었습니다. 그런데 신학적으로는 배웠으나 마음으로는 이해하지 못했습니다. 그것도 이후에 하나님께서 베푸신 해방 경험이 있었기 때문에 제자리를 잡아나갔습니다.

신학생 신분이 되어 총회본부에 가서 목사후보생 명단에 올리면 책을 선물로 줬습니다. 그리고 나중에 준목과정에 들어갈 수 있는 허락을 얻었습니다. 신청하면 경험이 풍부한 목사가 학생들을 만나서 대화를 나누었습니다. 교회의 핵심 멤버가 아닌 저를 비판하지 않고, "당신은 우리에게 귀한 사람입니다. 주님의 사역의 긴 여정을 잘 마치시길 바랍니다"라고 이야기해 주었습니다. 그 말이 아직도 기억납니다. 저를 있는 그대로의 모습으로 받아 주는 그 말씀이 힘이 되어 지금껏 열심을 다할 수 있었습니다.

3 나를 바꾼 생의 동반자와의 만남

간혹 다른 대륙, 다른 인종, 다른 피부색을 가진 사람에게 성적 매력을 느끼는 사람들이 있는데 저는 전혀 아니었습니다. 저는 독일 여자 친구가 있었는데 서로 행복하지 못했습니다. 그 친구가 아사셀처럼 저를 광야로 보냈습니다. 되돌아보면 좋은 결정이었지만 많이 아팠고 외로웠습니다. 사실 본(Bonn)대학도 그 친구와의 관계를 회복하려고 간 것이었습니다. 그렇지만 결국 이별했습니다.

1981년 2월에 본(Bonn)대학 신학생 전용 기숙사에 도착했을 때는

아내를 처음 만났던 본 대학교의 신학생 전용 기숙사

방학이라 학생이 별로 없었는데 한 외국인 여학생이 있었습니다. 아주 친절했습니다. 첫 만남 후, 저의 일기에도 썼는데 그 여학생에 대한 인상이 깊었습니다. 뭔가 느꼈지만, 이것이 나중에 사랑이 되리라 생각하진 못했습니다. 제 아내는 그냥 특별했습니다. 아시아인이든 유럽인이든 상관없이 아내는 저에게 딱 맞는 여자였기 때문에 처음부터 강한 인상을 느꼈나 봅니다.

아내는 고등학교 졸업하자마자 독일에 왔습니다. 아버지와의 갈등이 있었습니다. 아버지는 그녀에게 자유를 허락하지 않았습니다. 일일이 간섭하고 지시하고 남자 친구를 만나지 못하게 모든 것을 억압했습니다. 그래서 삼촌과 어머니와 의논한 후 아버지의 양해를 얻어서 독일로 왔습니다. 당시 독일은 13학년 교육과정 제도였는데, 대학 공부를 바로 시작하지 못하고 고교학업을 1년간 공부한 뒤에 힘들게 시작했습니다. 다양한 대학교에서 공부하였는데 뮌스터, 부퍼탈, 하이델베르크대학 이후 마지막으로 온 곳이 바로 본대학이었습니다. 그것도 아내가 본대학에서 졸업하기 직전에 우리는 만났습니다.

저는 여자 친구와 헤어졌기 때문에 괴로워서 잠을 못 자고 낮에는 공부를 열심히 하고 밤에는 디스코텍에 가서 미친 듯이 춤을 췄습니다. 매일 새벽 한시쯤 돌아왔는데 그때마다 아내와 마주쳤습니다. 아내는 그 시간에 기숙사 복도 부엌에서 점심을 먹고 있었습니다. 지독한 '올빼미 족'이었던 아내에게는 새벽시간에 먹는 것이 점심이었습니다. 그렇게 만나면서 대화를 시작했습니다. 관심이 생겼습니다. 아

독일 유학 시절 한정애(1983)

내는 완전히 경건파였고, 저는 정치파였습니다. 저는 평화운동을 하고 있었고 사회의식이 많았고 경건에 대해서는 하등의 체험도 없었습니다. 둘은 서로를 잘 이해하지 못했고 통하지도 않았습니다.

그런데 그녀는 저 같은 믿음이 부족한 목사를 얻을 독일교회를 불쌍히 여겼고, 이 목사후보생을 전도해야겠다는 마음으로 전도하기 시작했습니다. 아주 경건한 책을 가지고 제 방에 와서 함께 읽고 대화했습니다. 아내가 "너는 거룩한 사람이 될 수 있다"고 말해줬습니다. 저는 불가능하다고 했습니다. 모든 사람은 죄가 있기 때문에 거룩한 성인이 될 수 없다고 맞서서 논쟁을 했습니다. 저는 "모든 것들은 다 죄다"라고 썼고, 아내는 이것을 이해할 수 있었습니다. 아내도 독일에서 루터에 대해 공부를 많이 했기 때문에 어느 정도 이해했습니다. 그러던 어느 날 우리는 서로 사랑에 빠졌고 그때부터 사귀기 시작했습니다. 아내는 졸업한 뒤 뮌스터대학교에 가서 박사학위를 딸 생각이었는데, 제가 그다음 학기에 뮌헨대학교로 돌아가서 졸업시험을 준비해야 했기 때문에, 아내가 뮌스터로 가면 우리가 너무 멀어지게 되었습니다. 그래서 저와 함께 뮌헨으로 가자고 제안을 했습니다. 에큐메니컬 경험이 풍부한 교수를 알고 있으니 교회사를 가르치는 그 교수를 소개하겠다며 함께 가자고 설득했습니다. 이렇게 제가 아내를 뮌헨으로 '납치'했습니다. 그런데 최종적으로는 아내가 심하게 '복수'해서 저를 다시 한국으로 '납치'한 것입니다.

국제결혼에는 믿음이 있어야 하지 않겠습니까? 그런데 우리 부부는 믿음이 도움이 안 됐습니다. 저는 정치파, 아내는 경건파였기에 신앙적인 갈등이 사회문화적인 갈등보다 더 심각했습니다. 그렇지만 저는 아내가 사회적 · 정치적 의식을 높이는 데 도움을 주었습니다. 우리는 서로 사랑하였으므로 서로를 존중하고 배울 수밖에 없었습니다. 그래서 성숙해질 수 있었습니다. 저는 경건의 귀함을 인정하기 시작했고, 아내는 사회적인 의식이 깊어졌습니다.

이것은 아주 중요하고 좋은 일이었습니다. 나중에 은사를 받은 후에 신앙적 차원에서의 문제가 거의 없어졌습니다. 서로를 이해하고 인정하니까 문제가 없었습니다. 그러나 문화적 차이가 남았습니다. 그런데 아내가 저의 신앙체험을 보고 저에 대해 신뢰를 갖게 되었습니다. 제가 준목사역을 하느라 너무 바빴기 때문에 일 년에 서너 번밖에 못 만났습니다. 그러고 나서 1987년 8월에 첫 목회를 할 도나우뵈르트로 가야 했습니다. 민헨에서 100킬로미터 떨어진 소도시로 가면 또 멀리서 살아야 하니까 만약 앞으로 같이 살고 싶다면 결혼을 먼저 해야 될 것 같다고 제안했습니다. 저는 무조건 결혼하자고는 하지 않았고, 아내에게 결정할 시간을 주었습니다. 아내는 심각하게 고민한 후에 결혼을 결심했습니다. 제가 목회를 시작하기 3일 전에 결혼을 했습니다. 아내의 부모님을 초청하려고 했는데 비자가 나오지 않아서 우선 시청에서만 결혼하여 서류상으로 먼저 정리했고, 수개월이 지난

다음 해 초에 교회에서도 결혼식을 했습니다.

결혼하기 전에 아내는 아주 지혜로운 요구를 하나 했습니다. 만약 결혼한다면 제가 한 가지를 약속해야 한다고 했습니다. 함께 한국에 가서 몇 년 동안 살다가 오자는 조건이었습니다. 저는 그 조건을 받아들였습니다. 아내는 약 15년 정도 독일에서 살았기 때문에 독일을 이해할 수 있었지만, 저는 한국을 전혀 몰랐기 때문에 한국문화를 이해하기 위해서 몇 년간 한국에서 살자는 제안은 괜찮다고 생각했습니다.

4_ 한국을 배우면서

4-5년 정도 목회를 하면 어딘가로 청빙 받을 수 있는 권리가 생기지만 목회 초기에는 그렇지 못합니다. 그 권리를 얻자마자 한국에 가려는 노력을 하기 시작했습니다. 교구 감독과 에큐메니컬 담당자에게 한국에 가고 싶다는 말과 함께 도와 달라는 부탁을 했습니다. 그러나 에큐메니컬 담당자는 우리 주교회는 한국교회와 관계를 맺고 있지 않다고 했습니다. 당시 선교회만 비공식적으로 관계하고 있어서 에큐메니컬 담당자가 몰랐던 것입니다. 다른 교단, 다른 총회, 다른 선교회를 통해서 가야 한다고 생각했습니다. 목회자 신문 광고에서 한국 갈 수 있는 자리를 찾았지만 쉽게 자리가 나오질 않았습니다. 직접 선교회에 연락을 해보았지만, 방금 2명을 파송했기 때문에 5년 뒤에나 다시 연락하라고 했습니다.

그런데 갑자기 교구 감독에게서 연락이 왔습니다. 한국에서 목회할 목사를 찾는 광고를 보았느냐고 물으면서 대만의 목회자 청빙광고를 정확하게 한번 보라고 했습니다. 다시 확인해 보니 하단에 아주 작게 한국 갈 사람도 찾는다는 소식이 첨부되었는데 제가 미처 못 보았습니다. 베를린선교회가 (개신교)연합교회(Unierte Kirche)였는데 거기에 신청한 후에 드디어 허락되었습니다. 1991년에 비자 신청을 했습니다. 50%는 재한독일어권교회 목회자, 50%는 한국기독교장로회(이하 기장) 선교사, 두 가지의 직임으로 사역을 해야 하는 조건이었습니다. 그러나 신청한 비자가 나오지 않았습니다. 기장이 반정부 운동을 했기 때문에 당시 노태우 정권에서 비자를 거부했던 것입니다. 다시 신청했지만 그 사이에 독일어권 목회자 자리가 없어졌습니다. 너무 지연되었기 때문이었습니다. 100% 기장 교단 내에서 일하는 것이 아니라, 한신대학교 독문학과 교수직을 위해 비자 신청을 하자 비로소 받아들여졌습니다.

학생들을 가르침과 동시에 한국어를 어느 정도 배운 다음에 기장 총회 해외협력부에서 일을 하게 되었습니다. 선교사 활동도 했고 학교에서 가르치는 일도 했습니다. 지금 되돌아보면 아내의 제안이 정말 큰 도움이 되었습니다. 아주 중요하고도 훌륭한 결정이었습니다. 우리 두 사람이 서로를 이해하는 데 아주 좋은 기회가 되었습니다. 서로를 훨씬 더 신뢰하고 좋아하고 깊이 이해하게 되었습니다.

5 처가살이가 오히려 좋았어요

처음 한국에 왔을 때는 장마철이었습니다. 엄청나게 비가 쏟아지던 날 기장 해외선교부장이었던 최성일 박사가 우리를 맞아 서울로 데리고 왔습니다. 채혜원 목사와 함께 최성일 박사는 우리의 한국 적응을 위해 많은 도움을 주었습니다. 두 분은 제가 정말 좋아하는 분들입니다. 나중에 최 박사가 교수가 된 이후에 채혜원 목사가 해외선교부장이 되었습니다.

한국에 도착 후 우리는 백주년기념관에서 숙박했고, 그곳에서 얼마 동안 지내다가 총회 교육원에 방을 얻어 거처를 옮겼습니다. 한두 달 후인 10월 중순까지 비가 참 많이 왔습니다. 선교회가 전세금을 지불해 주었고 우리는 아내의 부모님이 살고 계신 지역에서 살기로 결정했습니다. 한강 남쪽 상도동에 집을 구했고, 그때까지 아내의 친정집에서 살았습니다. 그 집에서 함께 살았던 것도 아주 좋은 경험이었습니다. 당시 기장에서는 선교사가 평균 목사보다 호화롭게 살면 안 된다고 주장해서 35평까지 집을 얻을 수 있었는데 우리는 23평 집을 구했습니다. 집이 아주 좁았음에도 불구하고 10명을 초청하기도 하고,

서울 서대문의
기장 총회교육원

조그만 거실에서 12명까지 함께 식사하며 이야기를 나누곤 했습니다. 우리는 전혀 부족하다는 생각을 하지 않았고, 중직을 맡고 있는 사람들도 스스럼없이 초대했습니다. 1992년부터 2000년까지 즐거운 마음으로 기장에서 활동했습니다.

나중에 베를린선교회는 독일 통일을 통해서 하나 되었던 베를린-브란덴부르크 주교회에 속했습니다. 대부분 동독에 중점을 두었습니다. 서베를린의 재정상황은 괜찮았던 것에 반해 동베를린과 브란덴부르크 지역은 아주 심각했기 때문에 두 번째 계약 연장이 불가능했습니다. 한국을 너무 좋아하게 되어 독일로 돌아가고 싶지 않았습니다. 독일 개신교전국연합회(EKD)에 재한독일어권교회 목회자리를 줄 수 있는지 문의했습니다. 사례비 50%를 요구했지만 EKD가 이렇게 보조할 수 있는 것이 아니었습니다. 마침 바이에른 주 루터교회가 재정적으로 우리를 돕겠다고 했습니다. 대신 모교회인 바이에른 주 루터교회를 위하여서도 일해야 하는 조건이어서 재한독일어권 목회를 하면서 동시에 기독교한국루터회 선교사로도 파송되어 일하기 시작했습니다.

기장에서 일하던 독일목사를 루터교회가 신뢰할 수 있을지 의심이 많았는지 2년 동안 저를 검토했습니다. 2002년에 한국루터교회 설립자 같은 역할을 했던 지원용 박사님이 공식적으로 "지금부터 말테리노 선교사가 훨씬 더 막중한 책임을 맡아야 한다"라는 말로 지원해 주셨습니다. 그날부터 제가 바빠졌습니다. 이홍렬 총회장이 교회개발원을 설립하고자 했는데 저에게 그 책임을 맡겼습니다. 그 일을 감당하며 나중에는 원장이 됐습니다. 외국인으로서 무척 어려운 일이었습니다. 처음에는 예배에 집중했습니다. 모든 교회가 마찬가지지만 루터교회에서도 예배가 가장 중요하고 핵심적인 것입니다. 그 일을 열심히 했기 때문에 2005년에 루터대학교 박일영 총장이 저를 불러서 예배학을 가르치라고 해서 실천신학을 가르치기 시작했습니다. 할 일이 너무 많아졌기 때문에 재한독일어권 교회 목회를 그만둘 수밖에 없

제83회 기장 총회에서 통역을 담당했다. 이날은 흩어져 있던 모든 선교사들의 홈커밍데이였다.(1998)

었습니다.

저는 '교회 성장'을 많이 비판하는 사람들 중 하나인데 저도 재한독일어권 교회의 목회를 하면서 양적 성장을 많이 이룰 수 있었습니다. 그렇지만 양적 성장에 집중하지 않고 내용적으로도 충실하려고 노력했습니다. 진심어린 노력을 했을 때 양적으로도 성장할 수 있었습니다. 열심히 했습니다. 제가 사임한 이후 교회가 더 이상 젊은 사람을 제 후임자로 청빙하지 못했습니다. 독일 개신교전국연합회(EKD)가 재정적으로 지원을 하지 못해서 은퇴 목사들만 청빙하게 되었습니다. 은퇴 목사님들 중 좋은 목사님들이 많이 왔지만 1년씩만 담당했기 때문에 연속성이 없었고 교회가 잘 부흥하지 못했습니다. 독일사람들이 한국문화에 대한 관심이 컸기 때문에 한국에 와서 첫 1~2년 동안 문화와 여행에 집중하느라 교회에 대한 관심은 차선이 되었습니다. 그래서 100명 이상이었던 교인들이 25명까지 줄었습니다. 그러던 중 2015년 여름에 아주 실력 있는 조기 은퇴 목사가 파송되면서 교회 성장을 많이 이뤘습니다. 교인이 50명 이상으로 회복됐고, 올해 담임자를 다시 초빙할 수 있게 되었습니다. 교회는 한남동에 위치한 국제루터교회에서 모였습니다. 오전에 국제루터교회의 영어예배가 있고 오후에 독일어예배로 모입니다.

예배에 참석하는 분들은 오스트리아 사람들, 스위스 사람들, 그리고 특히 독일 사람들인데 유럽 독일어권에서 살다가 한국으로 돌아온 한국인들 중에서 독일예배에 익숙해진 사람들도 있습니다. 교인들의 반 정도가 한국 사람입니다.

아내는 독일에서 루터신학을 공부했고 감리교 계통학교인 협성대학교에서 역사신학 교수 자리를 얻었고, 나중에 감리교 목사 안수를 받았습니다. 아내의 부모님들은 예장 통합 측 교인이었고, 오빠는 독일 한인교회의 장로, 동생은 예장 백석 측 목사입니다.

저는 천주교회에 대한 관심이 많았습니다. 독일 개신교인들은 한동안 천주교회를 인정하지 못했습니다. 루터시대 때 천주교회에 문제가 많았기 때문입니다. 그러나 1960년대에 루터가 요구했던 종교개혁을 일부 단행했습니다. 루터만큼 인정하지는 않았지만 나중에 '칭의론'까지 인정했습니다. 교황도 종교개혁자들이 요구했던 대로 자신을 로마의 비숍(Bishop)이라고 합니다. 지금 우리가 천주교회를 무시해서는 안 됩니다. 천주교회의 영성이 다르지만 공감이 가기도 합니다. 저는 예배학을 가르치니까 정교회도 가고 천주교 성당도 가서 다양한 예배를 경험합니다. 에큐메니컬적인 경험입니다.

에큐메니컬은 가시적인 하나의 교회(Super Church)를 이루자는 이야기를 하지 않습니다. 다양성 속의 일치를 지향합니다. 서로를 인정하고 연합으로 예배를 할 수 있도록 에큐메니컬한 관계를 가져야 한다고 생각합니다. 교단마다 특별한 신학사상과 영성이 있기 때문입니다.

6 반대했지만 갈수록 더 사랑해 주신 장인

아내와 함께 정기적으로 매주 한 번 외출을 합니다. 외식을 하든, 산책을 하든, 우리만의 시간을 보냅니다. 우리 둘 다 무척 바쁘기에 매일 어느 정도의 대화 시간은 가지지만, 좀 더 깊게 오래 대화할 필요가 있어서 나갑니다. 나가자마자 식사하면서 대화를 시작합니다. 아주 적극적인 대화를 하지요. 사람들은 우리를 막 사귀기 시작한 애인이라고 생각합니다. 부부라는 생각을 못합니다. 무슨 관계냐고 묻는 질문에 부부라고 하면 깜짝 놀랍니다. 한국 부부들은 밖에서 서로에 대한 관심을 가지고 적극적인 대화를 하는 경우가 많지 않기 때문이죠. 우리는 대화를 행복의 지름길이라고 생각합니다. 서로를 매우 재미있다고 생각하고 좋아합니다. 아직도.

제가 장인, 장모님 댁에서 '처가살이'를 한 적이 있습니다. 장인은 우리 결혼을 절대 반대하셨습니다. 국제결혼이기 때문이었습니다. 그러나 남편될 사람이 장래에 목사가 될 것이라고 했을 때 장모님은 무조건 받아주셨습니다. 그런데 같이 살면서 장인어른과의 관계가 아주 좋아졌고 서로 좋아하게 되었습니다. 정말 존중했습니다. 장인은 옛날에 공무원이었습니다. 그 가족은 20세기 초부터 기독교를 받아들였습니다. 증조할아버지가 1906년에 평양 남쪽에 있는 건산에서 교회를 개척했습니다. 1910년에는 이미 250명의 교인이 모였다고 합니다. 신앙의 뿌리가 깊은 기독교 가정입니다.

그래서 장인은 돌아가시기 전에 죽을 것을 의식하면서 가족들이 함께 모였을 때 이렇게 말씀하셨습니다. "내가 곧 떠날 것 같다. 내가 어디 가는지 아느냐? 내가 천국에 가니 걱정하지 말아라"라고 했습니다. 식사도 더 이상 하지 못했습니다. 그런데 장모님이 잠깐 자리를 비우셨을 때 제 귀에 대고 귓속말로 '만약에 천국이 있다면' 하고 덧붙이셨습니다. 그 말씀을 얼마나 깊게 느꼈는지 모릅니다. 이분이 완전히 하나님을 신뢰하는 사람이구나 생각했습니다. 우리가 상상하는 천국이 없다 할지라도 두려워하지 않고 하나님을 신뢰하였습니다. 얼마나 성숙한 신앙인의 모습이었는지 모르겠습니다. 일반적으로 공무원들이 뇌물을 쉽게 받던 풍토와 달리 기독교인으로서 뇌물을 거부하셨습니다. 저의 처가는 가난했습니다. 삼촌만 부유했습니다. 한국교인들 중에 돈을 원하고 부와 축복을 원하고 기복사상에 빠시는 사람들이 많습니다. 그런데 우리 장인은 정반대였습니다. 올바르게 살아야 한다, 책임을 중하게 여기는 마음으로 살아야 한다, 정직하게 살아야 한다라고 지속적으로 가르쳤습니다. 장인은 진보와 보수를 초월해서 영성이 깊은 사람이었다고 생각합니다. 제가 감히 판단할 수는 없지만 훌륭한 사람이있습니다.

저는 장모님도 좋아했습니다. 장인이 돌아가시자 우리와 함께 살고 싶다고 하셨습니다. 처음 이북에서 내려왔을 때 후암동에서 사셨던 추억도 하나의 이유였습니다. 거기서 옛날 친구들을 찾아서 구역을 만들고 구역장도 되셨습니다. 구역회가 있던 어느 날 계단을 내려오다가 우연히 장모님의 말씀을 들었습니다. "독일 성찬식은 정말 좋아요" 이렇게 말씀하셨습니다. 우리가 결혼할 때 독일로 초청했는데 장인은 독일문화를 견디지 못해 몇 주 만에 한국으로 돌아가고 싶어 했지만, 장모님은 독일을 너무 좋아하셔서 돌아가고 싶어 하지 않았습니다. 비자가 3개월로 만료되어 끝날 때쯤에 비자 연장을 부탁했습니다. 우리 집에서 두 달 정도 더 계셨습니다.

제가 목회하던 교회에서 부활절 성찬식이 있었습니다. 개인 잔 없이 공동 잔이 사용되었습니다. 교회 제단 주변에 원형으로 둘러서서 목사가 교인에게 잔을 주면 그 잔을 받은 교인이 포도주를 마시고, 목사는 잔의 위치를 조금 바꾸어서 옆에 있는 교인에게 다시 그 잔을 줍

장모님의 성경필사 모습

니다. 그렇게 일곱 명이 마신 후에 잔을 깨끗한 잔으로 바꾸고 도와주는 사람이 소독합니다. 장모님은 술을 아예 모르는 분이어서 이런 성찬식은 어색해하셨습니다. 0.7리터 정도 들어가는 큰 잔이었는데 장모님이 그것을 개인잔으로 생각하셨습니다. 꿀꺽꿀꺽 잔의 절반을 다 마셨습니다. 완전히 취해서 신나셨습니다. 예배가 끝난 다음에 계란 찾기를 했습니다. 제가 숲속으로 들어가서 초콜릿 계란과 토끼를 숨겼는데 아내와 장모님이 끝내 다 찾았습니다. 노루처럼 뛰어 다니면서 계란을 찾을 때마다 즐거워했습니다. 아주 행복한 오후를 보냈습니다. 장모님이 구역회에서 독일 성찬식은 정말 좋다고 이야기하신 것이 무슨 뜻인지 저는 알고 있었습니다. 그때 장모님은 아마 성령의 기쁨에 취한 것으로 느끼셨던 것 같습니다.

또 하나의 에피소드는 저의 부모가 장인 장모님을 만났을 때의 일입니다. 결혼식 때 저의 아버지가 장인 장모를 만나자 팔을 활짝 펴서 껴안아 주었습니다. 그때 장모님은 충격에 휩싸였지만 어느 정도 반응을 했는데, 장인어른은 너무 놀라서 그냥 조용히 서 계셨습니다. 제가 그래서 나중에 저의 아버지께 설명을 드렸습니다. 한국은 다른 문화권이고 거기는 유교 중심적 문화가 있기 때문에 이렇게 하시면 안 된다고 말씀드렸습니다. 몇 년 후에 우리 부모님이 한국으로 여행 오셔서 장인 장모님을 다시 방문했을 때 포옹하지 말라고 당부했지만, 아버지는 잊으시고 또다시 그렇게 하셨습니다. 그때 장모님은 퍽 좋아하셨고, 장인은 여전히 별 반응 없이 서 계셨습니다.

제 아내의 증조할아버지가 되시는 한영희 장로님은 1906년 평안남도 건산에 교회를 설립했던 분입니다. 목수였고 약사이셨는데 중화교회 건축을 맡아서 짓는 동안 교회에서 예배 모임들이 있었던 모양입니다. 거기에서 목사님의 설교를 여러 차례 들으면서 어느 순간 믿게 되었다고 합니다. 그 후 자기 고향으로 돌아가서 교회 개척을 했고 열심히 전도하여 교회도 빨리 커졌다고 합니다. 나중에 아들이 장로가 되었고 손자인 저의 장인도 유아세례를 받았습니다. 가족들은 한영희 장로님에 대해서 법 없이도 살 수 있는 사람이라고 말했다고 합니다.

장인은 곽안련(Charles Allen Clark) 선교사에게서 유아세례를 받았습니다. 한국전쟁 이전에 평양에서 사셨는데, 김일성의 새로운 정권이 시작되자 장인 같은 사람들은 아주 큰 위험에 처하기도 했습니다. 그곳에서 친척도 죽었고 자신도 죽을 뻔했지만 이웃이 보호해줘서 몰래 남한으로 피신할 수 있었습니다. 나중에 장모님도 100일도 채 되지 않았던 맏아들과 함께 남쪽으로 피난했습니다. 처음 평양에서는 감리교 남산현교회에 다니다가 나중에 장대현교회로 옮겼다고 합니다. 이렇게 원래 감리교회에서 신앙생활을 시작했지만 후에 장로교회에서 신앙생활을 지속하셨습니다.

7_ 한국의 독재가 무너지는 경험

우리가 한국에 처음 왔을 때는 노태우 정권 말기였습니다. 서울 시내에 최루탄 냄새가 많이 났습니다. 제가 연세대학교 어학당에서 한국어를 배웠는데 매일매일 학교 앞에는 시위하는 학생들로 가득했습니다. 학교 교정에서는 학생들이 시위에 참여하기 위해 풍물놀이 연습을 하고 있었습니다. 매우 시끄러웠던 때입니다. 저희는 독일에서 왔기 때문에 멋모르고 마음대로 정치 이야기를 했습니다. 다른 선교사들은 우리에게 입조심을 하도록 주의를 주었습니다. 우리는 굴복하고 싶지 않아서 하고 싶은 말을 다 했지만 독일어로 말하기도 했습니다.

그런데 1992년 가을에 김영삼 씨가 대통령 후보로 결정되자마자 사회 분위기가 하루 만에 확 변했습니다. 갑자기 사람들에게서 두려움이 없어지고 소신대로 대화하고 개방되고 있는 분위기를 아주 강하게 느낄 수 있었습니다. 그때 당시 김영삼 대통령에게 기대를 크게 가졌습니다.

70–80년대 암울한 시절 종로5가 기독교회관에서는 목요기도회를 마친 후 참가자들이 모두 시위에 나섰다.

개혁을 잘 시작했는데 안타깝게도 그 당이 정권을 보수화시켜 버렸습니다. 안타까웠습니다. 그렇지만 저는 한국에 오자마자 독재가 무너지는 것부터 경험했습니다. 제가 처음 선교사로서 소속했던 교회는 구로 신명교회라는 민중교회였습니다. 그 후 기장 내 대형교회인 가리봉교회로 옮겼습니다. 제가 다양한 경험을 했지만, 독재를 반대하는 이야기는 이야기로만, 책으로만 보았지 경험한 적은 없었습니다. 한국기독교교회협의회(NCCK)가 집회를 할 때 목사님들이 경찰과 힘겨루기를 하는 모습을 보았습니다. 독일 사람들은 시위할 때 무척 평화롭습니다. 목사들이 경찰과 힘겨루기 하는 모습은 이해하기 어려웠습니다. 이게 다 독재의 결과였습니다. 어쨌든 저는 한국에 와서 민주주의만 경험했습니다. 나중에 김대중, 노무현 대통령 때도 민주주의가 안정되어 간다고 생각했습니다. 요즘은 혼돈의 상황이 지나간 후 다시 안정된 방향으로 나아가고 있다는 생각이 듭니다.

한국의 신학교 분위기도 독일의 그것과 달랐습니다. 첫 번째 차이는 강의가 3월 초에 시작되었습니다. 한신대 오산 캠퍼스는 특별히 더 추웠습니다. 그래서 강의실에 옛날 난방기구인 연탄난로와 긴 연통이 있었습니다. 그래도 너무 추워서 저는 겨울코트를 입고 강의했던 기억이 납니다. 두 번째 차이는 엄격한 분위기였습니다. 독일 학생들은 예의 없는 질문도 하곤 합니다. 그런데 한국 학생들은 꼼짝을 못했습니다. 염색만 해도 학교에서 퇴학당하는 분위기였고, 귀걸이를 해도 퇴교였습니다. 학생들의 모습이 다 똑같았습니다. 머리카락을 다양한 색깔로 염색할 수 있었던 것이 아마도 김대중 대통령 때쯤이었던 것으로 기억합니다. 세 번째 차이는 한국 학생들이 정말 열심히 공부한다는 인상을 받았습니다. 요즘은 아닙니다. 일자리도 구해야 하고, 미래를 염려하는 요즘 학생들을 보면 다소 안쓰럽습니다. 학위를 받았지만 일자리 얻기가 어려워졌습니다. 제가 처음 왔을 때만 해도 교수 자리는 없어도 일반 직장은 구할 수 있었습니다. 그런데 지금은 정말 안타깝습니다.

제가 한국에 왔을 때 개신교인들은 교인이라는 것을 아주 사랑스러워했고, 교회를 열심히 다니며 새벽기도에도 잘 참석했었습니다. 예를 들어 우리 처갓집에서는 장모님, 처남, 처남댁, 이 세 명이 매일매일 새벽기도회를 나갔습니다. 아주 열심히 했고, 교회에 대해 자랑하고, 길거리에서도 전도하고, 지하철에서도 선교했고, 부끄럼이 없고 자신감이 넘쳤습니다. 그때는 개신교회의 이미지가 좋았고 선교가 잘 되었습니다. 사람들은 타종교에 대한 관심이 전혀 없었고, 타종교는 곧 없어질 것이라 생각했습니다. 전도를 조금만 더 하면 한국 국민 전체가 기독교인이 될 것이라는 생각을 한 듯합니다. 교회 안의 문제가 그리 알려지지 않았습니다. 문제가 있어도 많은 사람들이 몰랐습니다. 예배 참여자들의 수도 많았고, 기도할 때도 그때의 기도는 영성의 표현이라기보다는 살기 위하여 필요한 호소였습니다. 왜냐하면 그 당시에 아픈 사람은 일자리도 잃을 수 있었고, 그래서 아프지 않게 해달라는 기도가 생존을 위한 수단이었던 것입니다. 경건한 행위가 아니라 살아남기 위한 행위였습니다. 그래서 간절했고 열정이 있었습니다. 그때 한국은 가난했습니다.

사람들이 희망으로 가득 차 있을 때였습니다. '빨리빨리' 그리고 '밝은 미래' 이 두 단어를 많이 사용했습니다. 제가 농담도 했습니다. 횟집 앞 수족관에 서서 밝은 미래, 밝은 미래 하는데 물고기에게도 밝은 미래가 있느냐고 친구한테 물었습니다.

1997년 IMF 이후로 사람들이 너무도 큰 충격을 받았습니다. 예전에는 지하철을 타면 나에게 와서 적극적으로 대화하고 질문하던 사람들이 그 위기 이후에 우울해졌고 대부분 바닥만 보고 있었습니다. 저에게 말을 거는 사람들이 거의 없었습니다. 분위기가 급변했음을 강하게 느낄 수 있었습니다. 처남댁이 다니던 회사도 부도났습니다. 교회들도 기도가 더 간절해졌습니다.

그런데 90년대와 오늘의 분위기를 비교해 보면, 그때는 물질적인 관심이 아주 강했습니다. 복에 대한 요구로 하나님의 도우심을 간구했으나, 요즘 사람들이 기도할 때는 삶의 의미, 행복, 가정의 번영, 평화, 통일, 민주주의, 정의 같은 내용이 기도 속에 많이 나타납니다. 물질적인 것보다는 내면적인 의미, 태도에 대한 것을 요즘 더 중요하게 여깁니다.

물론 저희 가정은 '교회'가 늘 중심이지만, 다른 가정은 우선순위가 달라졌습니다. 장인이 돌아가시기 전에 예수 잘 믿어라 하고 돌아가셨습니다. 그런데 요즘 사람들에게는 교회와 신앙이 핵심이 아니기에 다른 유언도 많이 합니다. 어느 종교사회학자는 신앙이 중심자리에서 가장자리로 밀려났다고 말했습니다. 저도 개인적으로 그 말에 동의합니다. 예배 참여도 제가 보기로는 80~90% 이상이었는데 지금은 절반이 안 되지 않습니까? 절반이 되면 아직도 행복한 교회지만 예배의 중요성이 많이 떨어졌습니다. 그리고 제일 눈에 띄는 차이는 교회가 자랑이었는데 지금은 부끄러움의 대상이라는 사실입니다. 창피해하고 있습니다.

예전에는 주일이면 성경책을 들고 다녔는데 지금은 거의 가방에 넣고 다닙니다. 기독교인임을 보여주려 하지 않습니다. 스마트폰 앱을 사용할 수 있거나 교회에 비치되어 있는 것을 사용하기도 하지만 부끄러워하기 때문일 수도 있습니다. 독일의 경우 성경구절을 듣기만 합니다. 찬송가도 교회에 비치되어 있는 것을 사용합니다. 한국교회가 많이 바뀌었음을 느낍니다. 언론들이 교회의 문제를 발견했고, 파헤치기 시작했습니나. 엄청나게 많은 문제가 나타났습니다. 아직 천주교회의 문제는 별로 알려지지 않았습니다. 그런데 개신교회는 집단적 힘이 약해서 보호를 받지 못하기 때문에 마구 공격하기 시작했고, 교회는 문제가 많은 곳으로 인식되었습니다.

처음 제가 한국에 왔을 때는 항상 새벽에 산 위에서 기도하는 소리가 들렸습니다. 기도하는 소리가 점차적으로 약해지더니 95-96년에는 거의 들을 수 없었습니다. 그러나 97년 아시아 금융 위기가 시작되면서 또다시 기도소리가 들리기 시작했습니다. 상도동은 가난한 사람들이 많은 지역이었습니다. 그 동네에 사는 한이 많은 사람들, 어려움이 많은 사람들이 산에 올라가서 기도했습니다. 2000년에 시내로 이사하여 남산 밑에서 살기 시작했습니다. 남산에서도 새벽기도소리가 들렸습니다. 그런데 몇 년 후에는 더 이상 기도소리를 들을 수 없게 되었습니다. 이제는 외치는 사람이 없습니다.

지금 보면 새벽기도 하는 사람들도 많이 줄었고 한국사회가 새벽기도에서 취미생활 중심으로 변했습니다. 새벽기도가 위기에 빠졌습니다. 처음 한국에 왔을 때부터 한국사람들의 기도에 대한 열정을 느낄 수 있었습니다. 물론 독일 사람들도 기도합니다. 목사로서 심방할 때 아내가 나가고 나면, 남편이 조용히 '목사님, 나도 기도합니다'라고 속삭입니다. 남자가 기도하면 약하게 여길지도 몰라 기도생활하는 것을 은밀히 감추며 조용히 기도합니다. 한국 사람들은 큰 목소리로 기도하는데, 독일 사람들은 아무도 모르게 조용히 합니다. 독일 사람들도 기도는 하는데 예배 때에 그리고 어려울 때에 기도합니다. 한국

사람들은 기회를 잡아서 기도하지 않습니까? 마음껏 진심으로 기도합니다. 저는 기도에 대한 관심이 많았기 때문에 새벽기도를 연구하고, 새벽기도에 대한 박사논문을 쓰게 되었습니다.

8_ 기도와 한국 기독교인의 영성

저는 새벽기도가 독특한 한국만의 문화라고 생각하지 않습니다. 하지만 특별합니다. 서양 사람들의 기도와 한국 사람들의 기도가 서로 다릅니다. 장단점이 있습니다. 배울 만한 것이 많지만 한국 사람들의 기도의 바탕에 놓여 있는 신학, 사상, 생각에 대하여 비판도 하는 편입니다. 하나님을 사용하려고 하기 때문입니다. 내가 하나님을 사용하려 하지 말고, 하나님이 우리를 사용하실 수 있도록 해야 합니다. 한국 기독교인들은 하나님을 강제하는 기도전통이 있습니다. 폭력적입니다. 어느 교회 지도자가 그랬습니다. "기도가 이루어질 때까지 절대 포기하지 말아라." 이게 말이 되는지요? 나의 뜻이 이뤄지길 바라는 태도는 잘못입니다. 하나님의 뜻대로 되어야 하지 않습니까! 기도는 하나님이 나를 새로운 피조물로 변화시키는 시간입니다. 기도가 중요하다고 하는 가치관을 배우는 것과 기도를 일상화하는 영성의 삶을 사는 것을 배워야 합니다.

마당 II

그 부르심을 향하여

1_ 안병무 박사와의 만남

독일 신학생들도 신학교육 과정 중에 민중신학에 대해 배웁니다. 독일에서 민중신학의 이해는 아시아적이며 개신교적인 해방신학 개념으로 유일한 것이기에 독일 신학생들은 이것을 배웁니다. 저도 몇 개의 논문을 보고 독일에서 민중신학에 대해 공부한 바 있습니다. 민중신학은 한국의 특징적 신학입니다. 그런데 민중신학이 한국 내에서 큰 역할을 못하고 있다는 사실에 대해 다소 놀랐습니다. 한국에 와서 민중신학에 대해 이야기 나눌 때면 대부분 상대방의 반응은 부정적입니다. 민중신학은 문제가 있고, 바람직하지 않으며, 소수의 관점일 뿐이라고 비판했습니다. 민중신학이 한국에서 큰 역할을 못하고 있음이 아이러니했습니다.

제가 한국에 처음 와서 숙박했던 곳은 서대문에 위치한 한국기독교장로회 총회교육원입니다. 아주 좁고 기본적인 생활도구만을 갖춘 소박한 시설이었습니다. 처음에는 이 공간이 민중신학과 관계가 있다는 것을 몰랐습니다. 총회교육원은 당시에 대학교에서 가르칠 수 없게 된 민중신학자들을 위해 설립되었다는 사실을 알게 되었습니다.

서남동 선생도 연세대학교에서 해직되었고, 안병무 선생도 한신대학교에서 가르치지 못하게 되어 설립된 시설이었습니다. 우리 방은 아주 작고 검소하고 단출했습니다. 그러나 우리는 불평하지 않았고, 이것 또한 민중신학에 동참하는 것으로 여겼습니다.

언제 어디서나 독서를 즐겼던 안병무 박사

그 후에 안병무 박사도 여러 차례 만났습니다. 안병무 박사는 서울 외곽에 집을 짓고 살았는데 두 차례 그곳을 방문했습니다. 안 박사의 논문들 중에 독일어로 번역된 것도 여러 개 있습니다. 제가 그것을 읽고 안병무 박사에게 질문이 생겨 방문하게 되었습니다. 방문 당시 아주 재밌었습니다. 제가 독일 사람 식으로 막 질문을 던졌습니다. 안 박사는 독일 사람을 잘 이해했기에 미소를 지으며 예의 있게 대답을 잘해주셨습니다. 두 번째 질문에서 웃었고, 세 번째 질문에서 활짝 웃었고, 네 번째 질문에는 무릎을 치며 크게 웃으며, "완벽한 독일 스타일이구나!"라고 말했습니다. 안 박사는 민중신학을 이해하고 싶으면 한국 사람과 같이 오래 살아야 한다고 했습니다. 안병무 박사와의 만남은 매우 인상적이었습니다. 독일의 신학과 동양사상을 겸비한 동빙의 지혜자라는 느낌이 들었습니다. 사모님도 인상적이었습니다. 안 박사가 부인을 '도야지'라는 애칭으로 불렀습니다. 그러나 이것을 독일말로 했습니다. 그래서 도야지 대신에 'Du Schwein'(두 슈바인)이라고 했습니다. 독일어로 이것은 뚱뚱하고 더럽고 악한 사람을 뜻하는데 아내에게 아주 귀여운 태도로 사랑스럽게 말씀하셔서 저도 크게 웃었던 기억이 납니다.

또 하나 인상적인 일을 기억합니다. 안 박사의 발표회에 여러 번 참석했습니다. 종로5가 한국기독교회관에서 발표가 있었는데, 발표 전에 일반적으로 공식적인 자리에서 금기시되는 성적인 농담을 하셨습니다. 아주 심한 농담이었는데 청중들은 활짝 웃었습니다. 왜 이렇게 하실까 곰곰이 생각해 봤습니다. 제 생각에는 우리가 모인 여기에 자유가 있고, 여기에 독재가 없으며, 자유롭고, 염려할 것이 없음을 드러내 보이시기 위해서 모두가 웃을 수 있도록 농담을 하신 것 같습니다. 또한 일반사상과 다른 민중신학을 소개하기 위해 분위기를 다소 편안하게 만드시려고 농담으로 시작하신 듯합니다.

2 상계동 판자촌과 예수의 갈릴리

저는 그 후에 교회에 소속하게 되었습니다. 구로동에 위치한 신명교회입니다. 당시 담임이던 노창식 목사님은 민중신학자였습니다. 그리고 도시민중교회들도 경험하게 되었습니다. 다른 독일 선교사도 있었는데 루츠 드레셔(도여수 선교사)가 서울 북부지역(상계동) 판자촌의 교회를 섬겼습니다. 교회 이름은 영은교회, 담임목사는 오영식 목사였는데, 민중들의 삶의 터였던 판자촌에서 같이 살았습니다. 그곳을 여러 차례 방문하면서 아주 깊고 좋은 인상을 받았습니다. 진짜 '예수다운' 교회였습니다. 성탄절 이브예배에도 참석했습니다. 교인들이 모여 청년들은 연극도 하고, 모두가 예수 탄생의 기쁨을 나누었고, 다 같이 새벽 송을 돌았습니다. 아주 인상적이었습니다. 장인을 통해 새벽 송 전통을 미리 알았기에 더 좋았습니다. 목사가 권위적이지 않고 형처럼 느껴졌습니다. 분위기가 아주 좋았습니다. 그런데 90년대 중반쯤 상계동 판자촌은 강제철거 당했고, 대단지 아파트가 건설되었습니다. 이사 후에 그 교회는 비록 정체성을 상실한 것은 아니었으나 특별했던 그 귀한 힘은 많이 상실하게 되었습니다. 신명교회에서 설교도 하고 소속되어 출석하면서 오영식 목사나 도여수(Lutz Drescher) 선교사를 자주 방문해서 만남을 가졌습니다.

오영식 목사님은 인상적인 이야기를 몇 가지 해주셨습니다. "예수가 갈릴리에 자주 가셨는데, 한국에서 갈릴리는 어디인 것 같으냐" 고 물으셨습니다. 농어촌이 아닌가 대답했더니, 다른 갈릴리도 있다고 하시며 그들이 떠나 도시에서 사는 판자촌도 갈릴리라고 말씀하셨습니다. 자기와 아내는 어려운 삶을 자발적으로 선택했으나, 자녀는 부모를 따를 수밖에 없었습니다. 창문도 하나밖에 없는 어두운 돼지우리 같은 목사관에서 살았기에 자녀들의 시력이 나빠져서 어린 나이부터 안경을 쓸 수밖에 없었다고 합니다. 목사님 부부의 마음이 아팠다는 말을 듣고, 참 어려운 결정을 하셨다는 생각이 들었습니다.

서울 도시개발을 통해 판자촌이 많이 사라졌습니다. 서울에서 민중교회의 모습은 보기 어려워졌습니다. 98년쯤 독일인 선교신학자인

한국의 갈릴리로 불리던 산동네와 판자촌 풍경

베르너 우스토르프(Werner Ustorf) 박사가 한국을 방문했습니다. 그 사람이 내게 민중교회가 아직 있는지 물었습니다. 그 교수는 더 이상 민중교회가 존재하지 않는 것으로 판단하였습니다. 그 후 이 질문과 대답은 나의 과제가 되었습니다. 그 질문에 대해 고민하면서 짧은 기사를 썼습니다. "민중교회들의 현 상황에 관하여"라는 제목으로 "민중교회는 없어진 것이 아니라 변했다"라는 것을 주장했습니다.

내용의 요지는 한국에 새로운 민중이 생겼습니다. 전통적으로는 농민과 노동자들이었지만, 현재 이주노동자들이 많이 생겼습니다. 성남 외국인이주노동자센터가 하는 일은 민중교회가 하는 일입니다. 과연 외국인도 '민중'이라고 할 수 있는가 하는 질문을 갖고 논쟁을 하기도 했지만, 저는 그들도 민중이라고 보았습니다. 두 번째로 시골교회는 이농현상으로 점점 더 어려워지고, 젊은이들이 없으므로 농어촌교회도 그대로 민중교회라 할 수 있습니다. 세 번째로 민중교회의 특징은 주변의 현실을 더 좋은 것으로 만들기 위해 노력했던 공동체였습니다. 지역교회 개념이 있는 개 교회가 민중교회 전통을 잇는다고 보았습니다. 주변에 사는 이웃의 어린이를 보호하기 위하여 어린이 시설을 하는 교회들, 노인들을 위한 쉼터가 있는 교회 등이 민중교회 전통을 이어가고 있는 교회라고 보았습니다. 또 하나는 사회봉사활동이 활발해지기 시작했습니다. 지방자치제가 실시되면서 협력하여 사회복지센터 건립이나 봉사활동 등이 활발해졌으므로 이들 또한 민중교회의 전통을 잇고 있다고 판단했습니다. 따라서 민중교회는 없어진 것이 아니라, 생명연내라는 개념으로 변화되고 확대되었다고 생각합니다. 민중교회의 전통이 환경운동까지 확장되어 연장된 것으로 볼 수 있습니다.

민중신학자 모임이 지금도 지속되고 있습니다. 그 모임에서 민중신학 전문가인 폴커 퀴스테르 교수가 민중신학을 한국문화적 신학사상으로 재해석하자는 제안을 했습니다. 토착화 신학 전체를 민중신학으로 해석하자는 제안이었습니다. 제가 볼 때 민중신학 전통은 사회의식을 문화의식보다 더 중요하게 여기는 것 같습니다. 90년대 말에 민중신학위원회에 민중신학의 위기 극복을 위해 현 상황을 여러 입장에서 판단하는 책 출판을 제안하였으나 받아들여지지 않았습니다. 민중신학이 민중을 위한 신학과 민중 스스로의 신학이라는 두 입장이 대립하면서, 이를 융합하려는 출판운동을 제안했었는데 결국 좌절되었습니다. 민중 스스로의 신학은 부재하고 민중을 위한 신학만이 남아있다고 봅니다.

3 미국교회를 너무 따라간 한국교회

많은 진보적인 신학자들은 한국교회가 미국교회와 너무 가깝다고 판단하고 있습니다. 그래서 미국의 영향을 벗어나서 한국적인 문화에 집중하자고 주장합니다. 미국으로부터 지대한 영향을 받은 것은 분명합니다. 제가 한국에 오기 전에 알았던 교회는 루터교회와 개혁교회뿐이었습니다. 감리교, 장로교, 오순절, 성결교, 침례교 등 이런 교단들은 전혀 알지 못했습니다.

유럽교회와 미국교회, 한국교회가 매우 다릅니다. 미국교회에는 유럽엔 전혀 없는 교파들이 여럿 있습니다. 한국에 교파가 많은 것 또한 미국의 영향이라 생각합니다.

찬송가도 다릅니다. 90년대 찬송가에 한국인이 만든 곡은 50여 곡 정도밖에 없었고, 나머지는 서양 찬송가입니다. 그러나 저는 서양 찬송가들도 잘 몰랐습니다. 왜냐하면 거의 다 미국 찬송들이었기 때문입니다. 독일교회에서 부르는 곡들이 한국 찬송가에 거의 없습니다. 그런데 어느 날 갑자기 독일 국가(國歌)가 나와서 깜짝 놀랐습니다.

저는 국가에 대한 자긍심이 낮은 세대입니다. 독일의 20세기 초반 역사를 정확하게 공부한 세대로서 독일에 대해 비판적으로 생각합니다. 저는 그래서 한국교회에서 독일 국가를 힘껏 부르는 것을 보고 아주 묘한 감정이 들었습니다. 물론 가사는 달랐습니다. 한국 찬송가의 가사는 아주 기독교적인 메시지를 담고 있습니다. 하지만 독일 찬송가에는 독일 국가의 멜로디가 포함되어 있지 않습니다.

독일 찬송인 “내 주는 강한 성이요”를 반갑게 힘껏 불렀습니다. 그러나 사실 이 노래는 순교를 각오한 노래입니다. 독일인들은 하나님의 은혜를 생각하며 순교할 수도 있다는 생각으로 부르는 곡입니다. 순교할 때가 오게 된다는 심정으로 그 곡을 찬양합니다. 다소 주

미국 선교사들이 기타를 치며 찬양을 인도하는 모습(평양숭실전문학교, 1930)

저하고 고민하면서 부르는 곡입니다. 그에 반해 한국인들은 우리 교회가 옳다, 자신이 있다라는 자세로 부른다고 봅니다. 거기에는 천주교는 틀리고, 개신교회가 옳다는 배타성이 있습니다. 그러나 독일 교인들은 개인적으로 묵상하고, 자신을 성찰하는 노래로, 하나님의 은혜를 감사하는 마음으로 부릅니다. 찬송가 중에서 "다 찬양하여라"는 제가 아주 좋아하는 곡입니다.

크리스마스 문화도 다릅니다. 독일은 대강절 화환을 사용할 때 초를 4개 사용하는데, 미국은 중앙에 1개를 더 놓아서 5개를 사용합니다. 유럽은 크리스마스트리를 크리스마스 이브에 세우는 데 반해, 미국은 대림절 시작 때부터 세웁니다. 대림절은 회개와 금식, 절제, 사순절과 같은 마음 준비의 기간입니다. 유럽 교인들이 대림절을 어둡고 주님을 고대하는 계절로 보냅니다. 한국에서는 대림절이 시작되자마자 화려한 트리를 세워 즐기고 기뻐하는 마음을 표현하는 미국교회 전통을 따르고 있습니다.

한국의 학교제도 또한 미국식을 따르고 있습니다. 독일은 수준별로 학교가 있지만 한국은 모두 함께 다니는 대중학교가 있는데, 이것은 미국식입니다. 그래서 독일에서는 공부를 잘하는 학생들만 대학교를 다닐 수 있지만 한국에서는 정신박약자까지 대학교에 입학할 수 있습니다. 대학교 학제를 학사와 석사로 구별하는 것도 미국식입니다. 한국에서는 3년 석사만 하면 안수를 줘서 수준 낮은 목회자들을 많이 양성하게 됩니다. 독일은 신학전공을 4년 이상 요구하고 있습니다. 필수인 히브리어, 헬라어, 라틴어가 4년과정에 포함되지 않으므로 따로 공부해야 합니다. 독일 목사들은 평균 6년 반 정도 신학을 정규과정으로 수학합니다. 유럽의 경우 높은 교육을 받고 있습니다. 그에 비해 한국의 신학교육은 다소 부족합니다. 미국 교육제도를 따르고 있는 한국의 신학교육에 교육개혁이 필요합니다. 미국제도가 초기에는 득이었으나 현재는 실이라고 봅니다. 한국사회의 전반적인 교육수준이 높아지고 있는 데 반해서, 목회자들의 지도력이 떨어지고 저급화되고 있습니다.

미국교회는 낙관주의적입니다. 미국 사람들의 사상 자체가 그렇습니다. 한국교회도 이러한 가치관을 배웠고, 양적인 성장주의에 빠졌습니다. 미국교회의 성장주의를 추종했습니다. 교회의 양적 성장주의가 처음엔 도움이 되었지만, 지금은 오히려 교회의 성숙과 내적 성찰에 장애가 되고 있습니다. 초기 개신교 선교사들은 유럽인이었습니다. 귀츨라프, 토마스, 존 로스 등 모두 유럽인이었습니다. 그런데 이후에 미국인들이 한국과 선교조약을 먼저 체결함으로써 선교의 주도권을 가져가게 되었

초기 개신교 유럽인 선교사인 귀츨라프, 토마스, 존 로스

고, 유럽교회들은 한국선교를 포기하기에 이릅니다. 유일한 예외는 성공회인데, 그들은 성장주의에 빠지지 않고, 한국사상과 문화를 우선적으로 연구하면서 선교에 집중하는 일을 뒤늦게 시작했습니다. 결국 양적 성장에는 큰 성과를 거두지 못했습니다.

한국교회에는 서양적 영향이 크지만 기독교는 원래 중동의 종교입니다. 아시아적인 전통을 강조해야 하는데, 동방교회적인 성격이 약화되었습니다. 한국교회에 동방교회적인 전통이 연구되고 수용될 필요가 있습니다. 서방교회 또한 고대교회의 예배의식이 아닌 중세시대의 모국어 설교 예배 형식을 닮아 있고 이것이 미국교회에서 변방예배(Frontier Worship Service) 형태로 변화되었습니다. 미국교회로부터 좋은 영향도 많이 받았지만, 그 영향을 해석하고 판단해서 올바른 방향으로 나아가도록 견인할 시점입니다.

한국 개신교는 전통이 너무 약합니다. 유럽개신교회들이 선교했다면 전혀 달랐을 것입니다. 한국교회는 문화적으로 의례에 친밀한 민족입니다. 의례적인 예배전통을 발견하고 발전시켜야 합니다. 성숙해야 할 과제가 많고, 성숙해질 수 있는 가능성이 많기 때문에 한국교회는 균형감 있게 전통적인 기독교 정체성을 함양해야 합니다.

한국인들은 미국인들보다 유럽인들과 더 유사하다고 봅니다. 유럽교회는 역사가 깊고, 전통이 있고, 예의문화가 발달했습니다. 제가 보기엔 유럽인과 한국인이 더 잘 맞습니다. 독일도 그렇습니다. 분단의 경험도 공유할 수 있습니다. 계몽주의가 현대를 만들었던 세계관입니다. 계몽주의에도 두 차원이 있습니다. 하나는 철학사상입니다. 또 하나는 사회의 영향력, 정치사상입니다. 영국과 프랑스는 철학적인 사상과 정치적인 사상 둘 다 강합니다. 독일의 경우에는 정치적인 영향력이 매우 약했습니다. 반면에 철학적인 영향력이 지배적이었습니다. 그러나 미국의 경우는 계몽주의가 정치적으로 영향을 미쳤는데, 철학적인 영향은 취약합니다. 미국인은 아직도 성경의 창조론과 진화론을 놓고 논쟁합니다. 유럽인들은 그것을 보며 그냥 웃습니다. 우리 입장에서는 어린이 장난 같아 보입니다. 계몽주의가 미국에 깊게 뿌리내리지 못한 단면입니다. 그래서 유럽인으로서 저는 미국의 문화라고 할 수 있는 것에 의아심을 갖게 되며, 역사적 뿌리가 깊지 못하다고 봅니다.

실천신학 측면에서는 도움 받을 일이 많지만, 지금과 같은 성장둔화 시기에는 미국의 성장모델은 결코 도움이 되지 않습니다. 최근 독일에서는 성장둔화 극복을 위한 모델에 관심을 갖고 고전과 기본에 충실한 유럽적 모델에 대한 연구가 증대되고 있습니다.

4 한국의 문화적 전통과 교회

미국의 영향을 받았다는 것을 아는 신학자들 중 다수는 우리가 너무 서양화되었기 때문에 한국화하자는 주장을 합니다. 그러나 저는 미국적인 영향은 동의하지만, '한국화'하자는 주장에 대해서는 오히려 조심하자는 입장입니다. 저는 외국인으로서 한국교회를 경험했습니다. 이상하게도 한국 개신교회가 독일 천주교회보다 더 멀게 느껴집니다. 완전히 다릅니다. 그것은 한국문화의 영향을 많이 받았다는 반증이기도 합니다. 미국 영향보다 한국문화 영향을 더 크게 받은 한국교회라고 봅니다. 저도 독일문화의 영향을 많이 받았습니다. 그러나 내 관점에서는 한국교회가 지나치게 '한국화'가 많이 되었음을 쉽게 발견할 수 있습니다.

그중에서도 유교의 영향이 어디서든 나타납니다. 예를 들어 목사들은 제단 위에 앉아 있습니다. 장로교의 경우 제단이 무척 높습니다. 원래 제단은 한두 계단 높아야 세 계단 정도입니다. 그런데 한국교회는 대개 1m 이상 높습니다. 기장에서 농담을 한 적이 있습니다. "목사님이 절대로 안 내려오시지요?" 하고 말했을 때 교인들이 크게 웃었습니다. 윗사람, 아랫사람 개념으로 예배를 구성하고 있습니다. 제단이 높은 것은 성소와 지성소를 구별하는 것입니다. 물론 회중이 잘 볼 수 있게 하기 위한 의미도 있습니다. 그러나 작은 높이로도 충분히 구별되고 잘 보이는데 한국교회 제단의 높이는 위계질서를 표현하고 있습니다.

설교를 통해서도 유교적인 영향을 많이 발견하게 됩니다. 여러 번 십계명에 대한 설교를 들었습니다. 제일 많이 들었던 것은 제3계명 혹은 제4계명이었습니다. 안식일을 거룩하게 지키라 그리고 부모를 공경하라는 계명인데 효에 관한 설교가 가장 많았습니다. 또 이 설교를 통해 부모에게 '순종'하라는 내용을 강조합니다. 이 십계명의 핵심은 '공경하라'는 것입니다. 부모의 나이가 많아지고 약해질 때 부모를 무시하거나 억압하지 말고 멸시하지도 말라는 뜻입니다. 부모가 젊었을 때를 위한 계명이라기보다는 나이 든 부모를 위한 계명입니다. 한국 목사들은 이를 위계질서적인 개념으로만 해석합니다. 그러면서 순종을 강조합니다.

결혼 설교도 많이 들었습니다. 항상 시집간다는 말을 합니다. 하지만 성서는 반대입니다. 베드로가 장모의 집에서 살았습니다. 처가살이를 했습니다. 성서는 결혼할 때 남자가 부모를 떠난다는 창세기의 메시지를 담고 있습니다. 한국에서는 기장 향린교회에서 그런 메시지를 들었던 것이 유일합니다.

설교하는 방법에서도 유교적 영향이 크게 나타납니다. 많은 목사님은 설교할 때 기쁜 소식을 '전파하는' 설교라기보다 '가르치는' 설교를 합니다. 가르치는 설교 전통은 유교 전통입니다. 서양에서 설교는 '선포'입니다. 한국교회에서는 교육적인 태도를 갖고 있습니다. 무지한 이에게 유식한 이가 가르치는 태도, 이것은 유교의 전통입니다. 가르침 자체가 나쁜 것은 아닙니다. 그러나 설교 전체가 가르치는 부분이 되어서는 안 됩니다.

일반적인 설교에서도 '순종'의 메시지가 지나치게 많습니다. 어린이는 교사에게 순종하라, 신자는 목사에게 순종하라고 합니다. 목사가 하나님의 말씀을 선포하는 사람이니 순종하라는 것이 아니라, 목사가 목사이기 때문에 순종하라고 가르칩니다. 교인 중 한 사람이 땅 투기를 하지 않아 손해를 본 경우에도 목사의 권면에 순종하지 않았기에 손해를 본 것이라고 설교하기도 합니다.

또 하나 위험한 예를 들면, 2014년 세월호 침몰 사건에서 배가 왜 침몰했는지에 대해서는 의문을 삿시 않습니다. 배가 기울기 시작할 때 학생들이 왜 피하지 않았을까요? 방송을 통해 나오는 가만히 있으라는 말을 대다수의 학생들은 신

한국사회를 뒤흔들었던 참담한 세월호 사건(2014)

뢰했기 때문입니다. 배가 기운다면 본능적으로 배 위로 올라가게 됩니다. 잘못된 말을 가르친 자의 말을 신뢰한다면, 그 결과는 당연히 잘못될 수밖에 없습니다. 가만히 있었던 이유는 잘못된 순종과 신뢰였습니다. 나갔어야 합니다. 위로 올라갔어야 합니다. 그 학생들이 학교에서 배운 것도 순종, 교회에서도 순종을 배웠습니다. 아주 착하고 선한 학생들이 다 죽었습니다. 학교교육 시스템이 실패했다고 봐야 합니다. 교회가 무분별한 순종을 가르쳤다면 회개해야 합니다. 교회가 순종교육을 포기해야 합니다. 하나님께 순종해야지, 사람에게 순종하도록 가르쳐서는 안 됩니다. 이런 상황을 극복해야 합니다. 사람이 올바른 말을 하는 것으로 판단하는 것이기에 그 말을 받아들이는 것이지, 사람을 순종하는 것이 아닙니다. 무조건적, 무비판적인 신뢰와 순종은 지양해야 합니다. 그러므로 인간의 판단력을 키우는 교육을 필요로 합니다. 순종을 교육하는 데 있어 실패했다고 봅니다.

한국교회가 선교 초기에는 사회를 많이 개선했습니다. 당시 한국교회는 위계질서를 극복하는 데 큰 도움을 줬습니다. 대표적으로 예장 안동교회의 경우 남녀차별을 폐지했습니다. 감리교의 경우 교회가 여성들의 교육을 시작했기 때문에 여성차별을 극복하는 데 큰 기여를 했습니다. 그런데 왜 이렇게 되었을까요? 한국전쟁 이후에 더욱 유교의 영향을 받았습니다. 초기 교인들은 기존 가치관인 유교를 극복하려는 노력의 일환으로 단발단행, 양복착용 등의 노력을 기울였습니다. 그러나 일제 강점기를 거치며 한국문화가 억압되었고, 한국은 자기문화를 살리는 운동을 시작했습니다. 교회 안에서도 그 같은 시도가 있었는데 선교사가 추방된 이후 한국인들끼리 교회를 지켜야 했고, 지도자가 되었습니다.

성경번역도 한국말뿐이 아닌, 유교적인 권위적 문화와 언어로 번역했습니다. 원래 헬라어는 존댓말이 없습니다. 그러나 한국어로 번역된 성경에는 예를 들어 "데오빌로 각하"라고 번역되어 있습니다. 원어에는 그냥 "존경하는 데오빌로"입니다. 독재의 영향인지, 유교의 영향인지 분명하진 않지만 위계질서를 반영하고 있는 것은 분명합니다. 예수님이 주기도문도 반말로 가르치셨는데, 선교사들은 주기도문을 존댓말로 번역했습니다. "아빠"를 "하늘에 계신 우리 아버지"로 유교 사상을 반영하여 번역하였습니다. 한국어 성경을 통해서는 사실 올바른 기독교 사상과 다른 부분을 발견하기 어렵습니다. 원어를 읽지 않고서는 극복하기 어려운 일입니다. 유교화된 성경, 유교화된 기독교가 진짜 기독교인 줄 착각하고 있습니다.

한국의 유교 문화와 풍습을 따라 그린 운보 김기창의 〈아기 예수의 탄생〉, (1952)

한국교회가 유

교화된 것은 괜찮습니다. 유교가 한국문화이기 때문입니다. 문화의 영향을 받는 것이 나쁜 것은 아닙니다. 그러나 너무 심화되고 멀리 갔다는 게 문제입니다. 유교화된 다음에, 다시 말해서 문화가 복음에 영향을 주었습니다. 문화 없는 복음이 있을 수 없으며, 복음은 언어로 표현되기 때문에 한국에 온 복음이 한국문화의 모습으로 토착화해야 합니다. 그러나 복음은 그 이후에 문화를 변혁하는 힘과 영향을 갖고 있습니다. 문화가 점차적으로 기독교의 영향으로 변화합니다.

독일의 경우는 복음이 문화를 변혁하는 데 꽤 오랜 시간이 걸렸습니다. 복음이 일찍 기독교화된 지역은 고대부터, 늦게 기독교화된 지역은 1200년부터 전해졌습니다. 최소한 600-700년 정도 걸렸습니다. 그 기간을 거치면서 독일의 엄격한 위계질서가 드디어 19세기부터 평등성으로 전환되었습니다. 한국사회에서 만연한 엄격한 위계질서는 비기독교적인 것임을 우리가 자각해야 문화를 변혁할 수 있습니다. 유교사상은 좋은 사상이지만, 공자를 공부한 사람은 소수이고 외적인 질서개념만을 배운다는 게 문제입니다. 유교사상은 농경사회와 어울립니다. 유교사상은 도시화된 현대사회와 어울리지 않습니다. 유교화된 사상을 기독교사상으로 오해하고 착각함으로써 오히려 기독교사상이 바른 영향과 역할을 하지 못하게 되었다는 게 문제입니다. 현대사회에는 기독교적 가치가 필요합니다. 그런데 기독교사상의 원형을 망각하고 유교화된 기독교로 현대사회와 괴리되었습니다. 기독교사상의 재발견이 필요합니다.

5_ 한국교회에 깊이 박힌 샤머니즘과 기복신앙

한국정부는 무속을 종교로 보지 않습니다. 문화로만 봅니다. 그러나 제가 보기엔 종교입니다. 저는 무속에 관심이 많습니다. 무속을 부정적으로만 보지도 않습니다. 무속에도 장점이 많습니다. 화해라는 측면, 즉 사람과 사람의 화해, 사람과 신의 화해, 사람과 자연의 화해 등 좋은 활동도 있습니다. 그런데 기독교에서 허락되지 않는 방식을 사용합니다. 죽은 영혼들과 접신하는 행위이기 때문입니다. 그러므로 무속적인 영향이 기독교 안에 들어오면 바람직하지 않을 수 있습니다. 한국 개신교 초기에 서민들은 선교사들이 하는 예수 이야기들을 직접 이해했습니다. 세계관이 비슷했기에 이해하기 쉬웠습니다. 신약성서에 나오는 귀신 이야기를 잘 이해했습니다. 그런데 차이점들은 우리가 조심할 필요가 있습니다. 예를 들어 샤머니즘은 접신을 통해 신의 말씀을 들을 수 있고 전하게 됩니다. 그러나 기독교는 접신을 해야만 신의 말을 대언할 수 있는 게 아닙니다. 기독교인들은 설교를 하나님의 말씀으로 생각합니다. 이게 다릅니다. 우리에게는 '성경'이 있습니다. 그리고 우리가 하나님의 말씀을 전하기 위해서 황홀경으로 들어갈 필요가 없습니다. 그런데 기독교에서도 샤먼과 같은 몸짓과 표정으로 말씀을 전하기도 합니다. 하나님의 말씀을 오늘의 하나님의 말씀으로 해석해야 합니다. 이것은 신들림이 아닙니다. 목사가 하는 일은 신들림이 아니라, 과거의 텍스트를 오늘의 살아있는 말씀으로 해석하는 것입니다. 성령이 임재하시니 말씀을 열광적으로 선포하라는 게 아닙니다.

무당이 하는 말은 신의 말 그 자체입니다. 그러나 목사의 말씀은 신의 말씀 자체가 아닙니다. 인간의 말씀입니다. 그러나 인간의 말씀의 형태로서의 하나님의 말씀입니다. 한국 개신교에서 많은 교인들은 목사의 말씀을 100% 하나님의 말씀이라고 생각합니다. 심지어 담임목사가 부재할 때 설교하는 부목사의 말씀은 하나님의 말씀으로 인정하지 않는 경우도 있습니다. 이것이 무속적인 형태입니다. 제단이 높은 것, 절대적인 설교형태는 무속적인 모습과 겹쳐집니다. 설교자의 목소리와 크고 기괴한 표정과 여러 움직임에서도 무속적인 성격과 특징이 강하게 나타납니다.

마찬가지로 기도할 때 공중기도를 하는 사람들은 권위 있게 기도합니다. 절대적 권력을 행사하듯 기도합니다. 저는 거의 하나님께 명령하는 느낌을 받습니다. "주시옵소서!" 이는 기도자의 역할을 무속적으로 오해한 행위입니다. 마술적으로 하나님께 영향을 줄 수 있다고 생각하는 것 같습니다. 그러나 무당은 훨씬 겸손합니다. 무속은 신에게 나쁜 말을 피하고 강요하거나 강권하지 않습니다. 그런데 한국교회의 목사든 교인이든 기도하는 이들은 자신이 원하는 결과가 나올 때까지 신에게 강권하고 신을 사용하려고 합니다. 몇몇 목사들은 자기 기도주제가 응답받기까지 기도를 포기하지 말라고 가르치는 오류를 범하기도 합니다. 목사가 교인들에게 하나님을 사용하려고 하는 태도를 벗어나 하나님 자체를 사랑하는 태도로 인도해야 합니다. 설교의 목적이 무엇인가 하는 질문에 대하여 아우구스티누스(Augustine)는 우티(uti, 하나님을 자기 목적대로 사용)하는 태도에서 프루이티오(fruitio, 하나님에로의 몰입)로 인도하는 것이라고 말했습니다. 기독교 사상으로 말하자면 우리가 하나님을 사용하는 것이 아니라 하나님이 우리를 사용하도록 하는 것이 기도입니다. 신을 자기 목적을 위해 사용하려는 태도는 무속에서 나타납니다. 신약성서는 말이 많은 기도는 이방인의 기도라고 합니다. 무당들도 말을 많이 합니다.

무속은 저승세계와 접속하는 종교입니다. 그럼에도 불구하고 생각하는 방향은 현세에 있습니다. 무속의 목적은 현세에서 잘사는 것에 관심하고 있습니다. 조상세계 저승세계가 이 현세의 삶을 방해하지 않도록 하는 것, 물질적인 삶에 관심을 갖는 것이 무속입니다. 저승세계는 현세를 위해 동원되고 사용됩니다. 이런 무속적 양태가 개신교 안으로 들어왔습니다. 한국 개신교가 구약을 좋아합니다. 구약을 좋아하는 것은 농경사회에선 이해가 되었습니다. 그런데 지금은 도시사회입니다. 이제 신약성서에 집중해야 하는데도, 구약에 집중하는 이유가 있습니다. 구약에서는 물질, 복이 강조되고 있기 때문입니다. 신약에서는 영적인 것, 즉 은혜와 십자가, 고난, 나눔 등을 강조합니다. 복된 삶, 나를 위한 것이 아니라 타인과 더불어 사는 것이 복의 목적입니다. 구약의 복을 강조하는 것은 사막의 현실이며, 한국 사람이 구약의 복을 좋아하는 것은 무속적인 욕심에서 기인한다고 생각합니다.

기복신앙을 풍자한 포스터(© 당당뉴스)

순복음이라는 단어가 흔한데, 복음에서 기쁜 소식에는 '복'(福)이라는 단어를 담고 있지 않습니다. 한국인들은 유앙겔리온(Euangelion, 복음)이라는 단어에서 보면 "하늘이 식구에게 밥을 주신다", "사람들이 산 위에서 하나님께 감사제를 드린다"는 측면에서 생명신학을 담고 있습니다. 그러나 도시에서의 삶을 고려할 때, 논보다 부동산이 밥이 되어 하늘이 우리 가족에게 부를 주신다로 해석하게 됩니다. 그리고 우리가 하나님께 감사제로 산 위에서 물질을 드려야 우리에게 물질의 복을 주신다고 해석합니다.

따라서 헌금이 조건이 됩니다. 우리가 뭔가 드려야 하나님이 복을 주신다는 설교, 복이라는 한문이 투자의 개념이 됩니다. 십일조라는 것이 종교적인 투자가 됩니다. 기복사상이 바로 이것입니다. 생명의 신학, 생명의 복음이 완전히 자본주의와 물질 중심으로 왜곡되었습니다. '복'이라는 말이 나쁜 말은 아닙니다. 그런데 완전히 왜곡되었습니다. 사도 바울에 의하면 에반겔리온(유앙겔리온)은 하나님이 죄인을 용서하신다는 은혜 중심의 단어입니다. '복'을 강조한 것이 아닙니다. 에반겔리움(Evangelium, 복음)을 왜곡한 것을 '순수한 복음'이라고 말하니 개탄할 일입니다. 한국에서는 그래서 복음이라는 말을 사용하기에 앞서 바른 해석이 필요합니다.

무속적이고 물질적인 복 개념은 신약 개념과 어울리지 않습니다. 현대 기독교에는 신약적인 복음이 필요합니다. 구약과 신약 사이에 차이가 있는데, 한국에서는 구약과 신약의 일치를 강조했던 칼뱅의 영향으로 제대로 말을 못하고 있는데 이것 또한 분명히 말할 필요가 있습니다. 신구약이 모두 연결되어 있지만, 우리는 신약 중심이어야 합니다. 핵심은 그리스도, 은혜, 칭의(稱義)입니다. 종교개혁자들은 이 주장에 모두 동의하였습니다. 구약을 무시하자는 의미가 아니라, 루터의 주장처럼 성경의 핵심과 주변이 있습니다. 구약과 신약에서도 차이점을 발견해야 합니다.

6 한국교회 토착화에 대한 나의 생각

한국 개신교가 한편으로는 미국화되었고 다른 한편으로는 한국화되었습니다. 성경은 유교적으로 번역되었고, 신앙은 무속적 영향을 받았습니다. 교회가 기쁜 소식을 다른 문화권에서 전파하고자 한다면 그 문화를 해석한 후에 전파해야 합니다. 따라서 토착화는 귀하고 필요한 것이고, 부정적으로 대해서는 안 되며 피할 수 없는 것이 분명합니다. 그러나 한국에서는 특별한 상황이 존재합니다. 한국에서는 교회가 초기부터 사회를 개혁하는 역할을 했습니다. 그래서 실제로 갱신을 했습니다. 이를 통해 기독교가 사회로부터 인정을 받고 선교의 성과를 거둘 수 있었습니다. 그런데 1960년대부터 국가가 사회변혁의 가장 큰 동인으로 급부상했습니다. 박정희 대통령이 경제발전, 산업화를 통하여 엄청난 사회변화를 이뤘습니다. 교회는 전통적인 사회를 변혁하는 자기 역할을 상실했습니다.

농어촌교회들은 이러한 변화 앞에서 고통을 겪고, 붕괴되었습니다. 농민들은 헌금을 하지 못할 정도의 형편으로 쇠퇴하였고 도시화가 급격히 전개되었습니다. 그 이후로 교회가 사회를 갱신하는 역할을 방기하였고, 국가의 정책과 흐름에 편승했습니다. 그리고 보수적인 입장으로 선회했습니다. 교회가 농경사회를 떠나 도시화한 인구의 전통을 유지하는 공간이 되었습니다. 교회가 마을을 떠난 사람들의 고향과 같은 존재이며 공간이 되는 전통을 살렸습니다. 유교와 무속의 영향이었으며 그 안에서 성장을 이뤘습니다. 물론 개혁적이고 변혁적인 그룹도 있었지만, 그런 교회들은 소수였습니다. 그러한 사회정황 속에서 토착화가 갑자기 너무 멀리 가버리게 되었습니다. 교회가 기존의 전통적 요소들인 유교와 무속을 수용하면서 교회의 성장을 획득했습니다. 일제 강점기의 문화말살 정책에 저항했던 노력들도 교회가 수용하지 못했고 그것 또한 한국교회의 보수화의 한 원인이 되기도 했습니다.

두 번째 상황도 있었습니다. 리차드 니버의 『그리스도와 문화』는 복음과 문화의 관계에 대한 모델을 제시한 책이었습니다. 한국 신학자들도 그 책을 환영했고, 김재준 박사가 번역하여 한국 신학계에도 큰 반향을 일으켰습니다. 토착화 신학도 이런 영향하에 본격화되었다고 봅니다. 토착화 신학은 한국교회의 문화화 그리고 니버 책의 영향을 받았습니다. 니버의 책을 통해 70년대 토착화 토론이 활발해졌습니다. 첫째 모델로 박봉배 박사의 '파종모델'은 씨앗이 토양에 들어가는 모델입니다. 복음은 흙과 다르다는 관점이 비판받았습니다. 복음과 흙이 존재적으로 같을 수 있다는 점을 박봉배는 간과했습니다. 흙도 생명과 다르지 않고 씨앗도 결국 흙과 다르지 않고 사람도 흙으로 만든 존재입니다. 씨앗과 땅이 결코 다르지 않은 하나의 흙이라는 점을 놓쳤다는 게 아쉽습니다.

둘째 모델은 김재준의 '발효모델'입니다. 누룩은 밀에 들어가 모든 반죽에 영향을 줍니다. 문화와 복음이 둘이었다고 한다면 김재준은 분리할 수 없이 연결된 하나라고 주장합니다.

르네상스 시대 새로움을 갈망하며 노래를 부르는 아이들

세 번째는 서남동의 '합류모델'입니다. 복음과 문화라는 두 강이 합류해서 더 큰 강이 되고 같은 강이 됩니다. 문화가 아주 강하고 중요한 요소입니다. 살아있는 복음과 문화가 대등하게 함께 생명력과 생동감을 갖습니다.

마지막 네 번째 모델은 '접목모델'입니다. 문화 그 자체는 검토받아야 한다는 주장입니다. 밑의 나무, 복음은 좋은 가지를 접붙임하면 좋은 열매가 맺힌다는 주장으로 다소 낙관적입니다. 여기에 과연 좋은 열매만 맺힐까요?

저는 한국 개신교 상황에서 보면 다른 모델도 필요하다고 봅니다. 교회가 너무 많이 문화화되었고, 세속화되었다고 판단하기 때문에 저는 다른 모델이 필요하다고 봅니다. 먹물은 완전히 검은색입니다. 검은색은 나쁜 것이 아니고 귀한 것입니다. 부정적이지 않습니다. 그러나 검은색은 너무 강합니다. 먹물에 계란을 넣거나, 초록색이나 파랑색을 집어넣으면 그냥 검은색으로 흡수될 뿐 색이 변하지 않습니다. 토착화를 조금 더 비판적으로 해석할 필요가 있습니다. 너무 강한 한국문화 속에서는 기쁜 소식(복음)을 발견하기 어렵고, 기쁜 소식이 제대로 역할하기도 어렵습니다. 한국사회에서는 복음이 문화를 변혁해야 할 필요가 있으며, 이것을 요청하는 시대가 되었습니다. 기쁜 소식을 많이 투여해야 검은 잉크 같은 세상이 더 맑아지고 밝아질 수 있습니다. 복음은 문화를 변화시켜왔고 변화시켜야 합니다. 자기의 정체성을 희석시키지 않으면서 세상 속에서 복음이 드러나게 해야 합니다.

지금 한국 개신교는 복음으로 사회에 영향을 주어야 합니다. 유교가 무너지고 있는 현 상황은 도로 위의 전쟁터 같은 세상입니다. 질서가 무너진 사회는 위험성을 드러내고 있습니다. 한국사회에 기여해야 하는 기독교윤리는 여전히 드러나지 않고 내면에만 있습니다. 현대사회와는 맞지 않은 관계질서인 유교사상이 아니라, 기독교 복음이 한국사회와 연결되어야 합니다. 항상 복음이 사회에 영향을 주어야 할 것입니다.

마당 III

새 술과 새 부대를 준비하며

1_ 두 가지 대립과 갈등

제가 보기엔 전 세계에 두 가지 양태의 기독교가 나타납니다. 한 그룹은 신앙적인 경험이 있는 사람들이 영적인 세계에 대하여 많은 관심을 가지고 집중합니다. 이에 반해 또 다른 그룹은 기독교 사상과 일반 사상의 차이점을 인식하면서 사회활동을 합니다. 두 가지 모두 중요한 기독교의 자원들입니다. 그런데 이 두 진영이 세계적으로 많은 갈등을 하였습니다. 저는 '진보'와 '보수'라는 두 진영으로 도식화해서 나누는 것을 별로 좋아하지 않습니다. 오히려 개인적인 경건과 사회적인 책임, 기여, 활동으로 구분하는 것이 더욱 적절할 듯합니다.

저도 대학생 때 정치적인 관심에서부터 신학을 공부하기 시작했고, 소위 운동권으로 활동했습니다. 당시 독일과 유럽 전체에서 평화운동이 활발했던 시기였습니다. 저도 전쟁 재발에 대한 우려에서 평화운동을 했습니다. 경건파인 아내와 교제하면서 서로 양쪽의 이질적인 요소들을 이해하기 위해 노력했습니다. 결국 사랑은 기적을 만들었습니다. 아내는 사회적 책임을 발견하게 되었고, 저는 경건한 경험을 하게 되었습니다. 나중에 한국에 와서 이 양면을 다 수렴하여 활동하는 사람들을 종종 볼 수 있었습니다. 독일 개신교회 전국연합회를 대표하는 베드포르드-슈트롬(Heinrich Bedford Strohm) 감독회장은 제가 경건하기 때문에 정치활동도 하는 거라고 말했습니다.

루터교회는 두 왕국론을 따르고 있습니다. 두 왕국론은 정치와 종교를 연결시킵니다. 종교적인 것은 하나님의 오른손으로 세상을 통치하는 것이고, 왼손은 정치를 통해 통치하신다는 의미입니다. 그러나 이 둘에 대하여 엄격한 구분을 하고 있습니다. 칼뱅과 달리 루터는 정치와 교회를 엄격히 구분했습니다. 구분한 이유 중 하나는 마태복음 22장에서의 세금납부에 대한 의견 때문입니다. '가이사의 것은 가이사에게' 이 말씀에 대한 이해였습니다. 바리새인들의 질문에 대해 예수는 동전을 보여 달라 말씀하시고 하나님께 드려야 할 것과 정부에

〈세금〉, 가이사의 것은 가이사에게… (티치아노 작)

내야 하는 것을 구분해야 한다고 말씀하셨습니다.

루터는 이 말씀을 통해 두 왕국론을 펼쳤지만, 이 말씀을 제대로 이해한 것은 아니었습니다. 하나님께 드리는 것과 가이사에게 드리는 것에 큰 갈등이 내포되어 있음을 간과했던 것입니다. 예수님은 동전조차 갖고 있지 않으셨는데, 바리새인들이 갖고 있는 동전을 가리켜 말씀하셨습니다. 유대인들은 그 동전을 가질 수도 없었다는 것입니다. 황제의 얼굴과 신임을 표현하는 말도 그 동전에 인쇄되었기 때문에 동전의 소유 자체가 우상숭배라는 뜻이었고, 예수는 그 돈을 가지고 있는 바리새인들에게 그 잘못된 돈, 더러운 돈을 황제에게 돌려주라는 뜻이었습니다. 그리고 하나님께 드려야 할 것을 드리라는 뜻이었습니다. 하나님께 드려야 할 것을 황제에게 바칠 수 없고 오직 하나님께만 드려야 한다는 뜻이었습니다. 국가의 요구를 어느 정도 거부하고 저항, 비판하는 것을 포함한 말씀이었습니다.

이 구절을 잘 이해한다면 예수의 정치적 입장이 나타납니다. 예수는 당시의 국가권력에 비판적이었음을 알 수 있습니다. 예수의 탄생에 관한 말씀에서 왕을 지칭한 표현이나 그리고 성인이 되어 헤롯 왕을 '여우'로 칭한 것을 보면 국가권력에 대해 부정적인 이미지를 갖고 있음을 알 수 있습니다. 유대인에게 여우는 돼지만큼 더럽게 여기는 동물입니다. 헤롯을 심하게 욕하는 내용입니다. 예수가 조직적으로 의도적으로 법을 어긴 적도 있습니다. 예수가 체포되기 전에 제자들에게 우리가 몇 개의 검을 갖고 있냐고 물으셨고 제자들은 두 개 있다고 답하였습니다. 이 사실은 당시 사형을 받을 만한 위법사항이었습니다. 예수는 검을 사용하지 말라고 했지만, 가지고 있는 것 자체가 위법이었습니다. 로마서 13장을 근거로 정부에 순종하라는 메시지를 말하곤 합니다. 사도 바울의 이 말은 "좋은 정부가 있다면"이라는 단서조항이 붙는 말씀입니다. 요한계시록 13장처럼 악마의 정부, 비판받아야 할 정부라면 순종해서는 안 됩니다. 바울의 말은 인정할 만한 정부를 의미합니다.

기독교인들은 정부를 위해 항상 기도했습니다. 초대교회부터 오늘까지 자신의 정부를 위해서 기도합니다. 나쁠 때도, 좋을 때도 기도합니다. 정부를 좋아하기에 기도하는 것이 아니라 정부가 바로 서려면 기독교인들의 기도를 필요로 하기 때문에 기도합니다. 정치가들은 많은 책임을 가진 사람으로서 권력을 바르게 행사해야 하지만 늘 올바른 결정을 하는 것은 아닙니다. 그러다 보면 정치가들은 죄 짓는 일을 피할 수 없을 때가 있습니다. 나쁜 것과 나쁜 것 사이에서 덜 나쁜 것을 선택해야 하는 경우가 많습니다. 정부로서 어려운 결정을 계속해야 하기 때문입니다.

우리는 좋아하는 정부를 위해서만 기도하면 안 됩니다. 정부에 대하여 비판적인 자세를 가졌다 하더라도 반정부를 목적으로 한 기도도 피해야 합니다. 정부가 옳은 길로 가도록 기도해야 합니다. 물론 정부가 하나님의 뜻에 반하는 길로 가면 저항해야 합니다.

기독교인들은 정당정치를 하면 안 된다고 생각하지만, 반대로 정치적으로 활동하는 것을 피해서는 안 됩니다. 앞장서서 반정부 시위를 하는 사람뿐만 아니라 일반시민 그리고 일반교인들 또한 정치활동을 하고 있습니다. 다시 말해서 중립이거나 침묵으로 미동하는 경우도 정부를 위한 활동으로서 정치적 활동이고, 반정부 행위 또한 정치적 활동입니다. 그러므로 모든 활동은 정치적 활동입니다. 따라서 기도도 정치적 활동입니다. 침묵도 정부를 배려하는 것입니다. 사회를 걱정하는 여러 신도들의 기도를 들었을 때 깊은 경건과 신앙의 진정성을 느낄 수 있었습니다. 얼마나 하나님을 신뢰하는지 그들의 영성이 살아있음을 알 수 있었습니다. 정치하는 사람들은 정치활동뿐만 아니라 기도생활도 많이 해야 합니다. 따라서 경건과 사회 기여를 함께 실천해야 하며, 기독교인들은 이를 인정해야 합니다. 단지 정치적으로 보수적인 활동을 하는가 진보적인 활동을 하는가 하는 차이일 뿐입니다.

2 한국 기독교와 배타주의

지금까지 한국 기독교인들은 배타주의적 사상이 강했습니다. 진리를 절대적으로 알 수 있다고 생각했습니다. 또 선교 중심으로 활동했습니다. 선교시대였습니다. 선교할 때는 배타주의가 도움이 됩니다. 배타주의를 통해 그리스도의 진리를 분명히 쉽게 그리고 단순하게 설명할 수 있기 때문입니다. 선교단계와 가장 잘 어울리는 사상이라 할 수 있습니다.

그런데 이제는 많이 달라졌습니다. 저는 루터대학교에서 2005년부터 가르치고 있습니다. 기독교세계관이라는 과목도 2005년부터 2011년까지 가르쳤습니다. 그 강의에서 학생들에게 항상 물어봅니다. 배타주의적 사상과 포괄주의적 사상 그리고 다원주의적 사상을 소개하면서 학생들에게 어느 사상이 가장 마음에 드는지 물었습니다. 2005년에는 배타주의적 사상을 지지하던 학생들이 80, 포괄주의 20, 다원주의 0이었습니다. 그런데 2011년에는 동일한 질문에 대해 배타주의 50 이하, 가장 큰 그룹은 포괄주의이고 아직도 다원주의는 소수입니다. 다원주의는 20명 중 1-2명 정도입니다. 사상을 잘 소개하고 해석을 하지 않은 초기 상태에서 물어본 결과로 그 같은 통계가 나오게 되었습니다. 이것은 한국 개신교회가 점점 변하고 있다는 뜻입니다. 이제는 선교시대가 거의 끝났기 때문에 일어나는 현상입니다.

2016년 국가 통계에 의하면, 개신교회가 10년 전에 비해 많이 늘었다고 합니다. 반면에 천주교인의 수가 많이 감소했습니다. 아마 질문을 오해하고 헷갈려서 답변한 결과가 아닌가 합니다. 기독교(개신교) 그리고 기독교(천주교)라는 항을 보고 천주교 신자 중에서 기독교(개신교)에 답변한 사람이 있을 수 있습니다. 그리고 자기 자신을 기독교인으로 판단하는 이단인들이 많았을 것입니다. 과연 이 통계를 얼마나 신뢰할 수 있는가 하는 의문이 생깁니다. 개신교의 위기가 우리가 생각하는 것만큼 심각하지 않을 수도 있습니다. '가나안 교인' (예수는 따르지만 교회는 안 나가는 사람들로 안나가를 거꾸로 한 신조어)도 기독교인으로 표시했을 수 있기 때문입니다.

그러나 교회를 알고 있지만 교회를 다니지 않는다면 교회의 존속은 어려움에 처할 수밖에 없습니다. 양적 성장을 하기가 어렵습니다. 이제 질적 성장의 시기가 시작되었습니다. 질적으로 성장 못하면 양적으로도 성장할 수 없습니다. 배타주의 사상은 질적 성장 단계에서 너무 쉽게 힘을 잃어버릴 수밖에 없습니다. 이제 다른 사상이 필요한 시대가 되었고, 개인적으로는 에큐메니컬 시대(Ecumenical, 교회일치운동)가 시작되었다고 봅니다. 지금까지 비슷한 생각을 가진 교인들이 모여서 예배하고 대화하고 발표하고 협의회도 만들었습니다. 그런데 지금부터 우리가 필요로 하는 성장은 '수준' 성장입니다. 기독교의 본질에 관하여 탐구해야 할 때가 되었습니다.

그렇다면 배타주의 사상은 오히려 성장에 방해가 될 수 있습니다. 배타주의 사상은 종교 간에만 발견되는 게 아니라 기독교 안에서도 일어날 수 있습니다. 예를 들어 정치 대 경건, 통합 대 기장 등 이 같은 대결구도는 도움이 되지 않습니다. 예수를 다르게 이해하는 사람들의 입장을 이해하려고 노력해야 성숙해집니다. 너무 짧고 얕은 예수 이해를 벗어나 성숙한 신앙인이 되어야 합니다. 포괄주의가 훨씬 어울릴 수 있습니다. 포괄주의도 한계가 있어서 저는 다른 제안을 합니다. 도그마 vs 코이노니아 사상을 비교해서 설명합니다. 한국교회는 도그마를 이용해서 설명해 왔는데, 도그마라는 말은 '경계선'을 의미합니다. 진리 전체를 설명하는 것이 아니라 국민과 외국인의 경계처럼 내부와 외부, 이단과 전통을 나누는 선입니다. 안팎의 영역을 설명하지 않고 경계로서의 '선'만을 설명하는 사상입니다. 그 선을 넘어가면 이교가 됩니다. 안팎사상은 한국의 전통적인 사상과 잘 어울립니다. '우리'라는 말도 배타주의 사상입니다. 그런데 그게 한계에 부딪혔고 다른 걸 필요로 하고 있습니다.

그러던 중 1993년에 스페인 산티아고에서 모였던 세계교회협의회 신앙과직제위원회(Faith and Order)에서는 코이노니아(Koinonia, 그리스도 안에서의 일치) 개념을 대두시켰습니다. 코이노니아는 진리에 대한 해석을 포기하지 않습니다. 코이노니아 사상은 도그마처럼 경계를 찾는 것이 아니라 중심을 찾는 사상입니다. 틀을 깨고 십자가를 만들고 십

제네바 세계교회협의회(wcc) 본부의 여러 나라 말로 표현된 로고

자가를 보면 경계선이 없어집니다. 중심은 오직 십자가입니다. 그 중심은 오직 진리뿐입니다. 도그마 사상은 흑백사상이며, 안팎에 있는 위치 중심적 사상인 데 반해 코이노니아 사상은 중심적 사상과 방향 중심의 사상이라 할 수 있습니다. 사람이 십자가와 가까워지는 변화의 방향이어야 하며, 십자가로부터 멀어지는 방향이면 안 됩니다. 그러나 십자가와 아무리 멀어도 중심을 향한다면 괜찮습니다.

에큐메니컬 교류를 할 때 코이노니아 사상이 큰 도움이 됩니다. 호기심을 가능하게 하고 호기심을 갖게 하는 사상입니다. 도그마는 안에 있는 사람들이 서로를 받아줘서 변화에 대한 개념을 찾을 수 없습니다. 한번 들어가면 정체됩니다. 자기들끼리만 모여서 즐기면서 바깥에 있는 사람을 비판합니다. 코이노니아 사상은 비슷한 사람이 십자가에서 일정한 거리에 있으면서 서로 가까워지더라도 십자가로 가까이 갈 수 없습니다. 오히려 정반대에 있는 사람과 만나고 교류해야 합니다. 그렇게 할 때 둘 다 십자가에 가까워질 수 있습니다. 한국 개신교회가 지금 필요로 하는 사람들은 나와 비슷한 사람이 아니고, 나와 매우 다른 기독교인입니다.

그래서 감리교인이 침례교인을 만나야 합니다. 장로교인이 루터교인을 만나야 합니다. 정치적으로 활동하는 사람들은 성령 충만한 사람들을 만나야 합니다. 그렇게 한다면 한국교회는 성숙해질 수 있습니다. 진리의 본질, 십자가가 어디에 있는지 아무도 모릅니다. 그래서 전 세계 교인들은 대화해야 하고 이를 통하여 십자가의 위치 혹은 기독교의 진리가 무엇인지가 어느 정도 나타날 수 있습니다. 전 세계 교인들이 상호대화를 통해 십자가가 드러나게 해야 합니다. 한국의 신학자와 목회자들은 서구만 바라보고 갈 필요가 없습니다. 대화가 우선입니다. 코이노니아 개념은 전 세계, 한국교회에도 중요한 사상입니다.

3 그럼에도 불구하고 '대화'

독일루터교회는 에큐메니즘에 속하고, 한국루터교회는 미국루터교 미주리의회로부터 개척되어서 교리 중심, 도그마 중심의 교회입니다. 아주 엄격합니다. 독일교회가 코이노니아 사상이 강하고 미국루터교 미주리의회는 도그마 사상이 강합니다. 대결할 수밖에 없습니다. 그런데 제가 보기에는 둘 다 서로를 필요로 합니다. 세계루터교연맹(LWF)과 미국루터교 미주리의회가 세운 International Lutheran Council(ILC)가 서로를 계속 비난하는데 서로 대화하고 가까워져야 서로 성숙할 수 있습니다.

한국 개신교회도 마찬가지입니다. 세계교회협의회(WCC)를 하나의 단체로 생각합니다. 그런데 WCC는 단체가 아니라, 전 세계 교인들이 서로 만나고 토론하면서 신학적인 입장을 나누고 만드는 플랫폼이자 장터입니다. 세계교인들은 서로 만나서 교류해야 합니다. 정교회, 루터교회도 WCC의 회원교회입니다. 아주 진보적인 사람과 보수적인 사람도 있으며, 천주교회는 비록 회원은 아니지만 부분적으로 신학 논의에 참여하고 있습니다. 한국교회가 WCC를 거부한다는

WCC 본부 채플의 엘살바도르 십자가

건 세계교회를 거부하는 행위입니다. 극심하게 토론됐던 일도 있습니다. 남아프리카공화국 과일 불매운동을 벌인 것도 정치적 결정이었는데, 인종차별정책(Apartheid)을 압박하기 위한 행위로서 성공했습니다. 그러나 이것은 너무 정치적이었다는 비판도 있습니다. 이걸 비판하려면 정확하게 왜 그런 역사가 생겼는지 연구해야 합니다. 청년들도 의견을 말할 수 있습니다. 청년들은 룬드(Lund)에서 모일 때 교회의 사회적 활동을 요구했습니다. 그와 같은 제안을 교회가 받아줘야 합니다. 쉽게 비판해서는 안 됩니다. WCC의 역사를 연구하면 이해가 됩니다. 한국의 경우, 2013년 WCC 부산 총회를 할 때 한국교회의 보수적인 입장도 많이 수용하였습니다. 그런데 WCC 전체를 비판하는 행위는 사실은 자기 자신을 심판하는 것이며, WCC를 이단이라고 하는 사람은 자기를 이단이라고 하는 일종의 자기심판이라 말할 수 있습니다.

제가 그 배경을 사상적으로 해석하면 도그마 사상과 코이노니아 사상의 대결이라 봅니다. 물론 세계관적인 대결이기 때문에 극복이 쉽지는 않습니다. 진리와 거짓의 경계는 있기 때문에 도그마 사상을 완전히 포기할 수도 없습니다. 도그마라는 경계선의 위치를 좀 더 넓게 할 필요가 있습니다. 또 유연하게 탄력적으로 할 필요가 있습니다. 참과 진리의 경계선을 밝히는 도그마 사상도 필요합니다. 어쨌든 두 그룹이 서로 대화해야 합니다. 서로를 인정하지 않더라도 대화는 필요하며, 개신교회 안에서 해야 할 뿐만 아니라 정교회, 천주교회와도 대화해야 합니다. 16세기에는 천주교회를 완전 마귀의 교회로 봤는데 지금은 그렇지 않습니다. 그 교회들은 세계적인 교회사적 유산을 보유하고 있는 교회들입니다. 이 교회들을 무시해선 안 되며, 오히려 배워야 할 만한 것들이 많습니다. 전 세계 교회들은 모두 서로 교류해야 합니다.

루터교회도 두 가지 입장이 있습니다. 진보와 보수가 정치적인 싸움을 하면 그 싸움을 극복하려는 사람들도 있습니다. 저 같은 사람입니다. 진보파가 보수파를 필요로 합니다. 저는 독일 루터교 목사이기 때문에 코이노니아 사상을 좋아합니다. 그러나 미국루터교회를 비판하고 싶지 않습니다. 진리에 대한 개념을 크게 강조합니다. 진리는 가운데 있습니다. 분명한 정체성은 필요하지만 남을 비판하며 경직된 사상을 가진다면 루터교인답지 않습니다. 미국루터교회 안에서는 칭의론을 도그마로 받지 않으면 칭의를 받지 못합니다. 그런데 칭의 개념 자체가 무조건 은혜로만 칭의 받는 것입니다. 그 절대적 조건은 모순입니다. 미국루터교회는 도그마를 조건으로 만들었습니다. 루터와 완전히 다릅니다. '은혜로만 구원을 얻는 사람은 은혜로만 구원을 얻는다는 교리를 동의해야 구원을 받는 것이다'라는 의미로 이것이 곧 모순적인 단면입니다. 미국루터교 미주리의회는 세계루터교연맹(LWF)과 대화해야 합니다. 반면에 독일루터교인들은 자신이 개혁교회 교인인지 루터교회 교인인지 잘 모릅니다. 유럽인들은 개신교인이라고 생각합니다. 이것도 바람직하지 않습니다. 정체성이 분명해야 합니다. 그러나 교리를 잘 모르기 때문에 정체성이 불분명합니다. 독일교회가 위기에 빠진 이유는 정체성이 약화된 데 있으며, 교리적으로 신학적 이해, 신앙적 내용의 이해가 부족한 탓입니다. 우리도 미국루터교회처럼 교리를 귀하게 여기고 배우는 자세를 가져야 합니다. 한국 개신교회도 마찬가지입니다.

기복사상에 빠진 사람들은 자신이 틀린 점을 혼자서는 발견 못합니다. 함께 대화해야 극복할 수 있습니다. 그들은 이단으로 빠질 수도 있습니다. 그들은 올바른 기독교인으로 살고 싶어 하기 때문에 이단으로 판단하면 바람직하지 않습니다. 한국 사람들은 안팎 사상이 아주 뿌리가 깊습니다. 싫어하는 사상을 가진 사람과는 대화조차 시도하기가 쉽지 않습니다. 계몽주의 사상으로 가능할 수 있는데, 한국사회에서는 계몽주의가 아주 천천히 발전하고 있지만 분명히 자리 잡아가고 있습니다. 계몽주의가 힘을 얻는다면 내가 틀릴 수 있다는 겸손한 자세를 갖게 합니다. 한국 개신교는 대부분 신에 대하여 정확하게 알 수 있는 비밀스런 진리를 알게 되고 권력도 얻을 수 있다고 생각합니다. 그리고 복을 얻을 수도 있다고 생각합니다. 신의 권력을 통해 내가 특권을 얻는다고 생각합니다. 그러나 제가 아는 종교의 핵심과는 전혀 다릅니다. 나와 하나님 사이에 절대적인 차이가 있습니다. 저는 인간일 뿐 신은 신이고, 분명한 건 내가 신이 아니라는 고백입니다. 그것이 종교의 핵심 사상입니다. 우리가 신에 대해 정확하게 알지 못하는 것이 밑바탕에 있습니다.

인간이 이성으로 하나님에 대해 알 수 있는 것은 없습니다. 단지 그리스도를 통하여 하나님을 조금 알 수 있습니다. 예수를 보면 하나님의 마음, 핵심을 알 수 있습니다. 그러나 이것은 계시입니다. 우리

덴마크 뫈섬 켈트뷔교구 교회 천장화. 가난한 사람(왼쪽)은 십자가에 못박힌 예수를 생각하고, 부자는 옷 보석 술 음식을 생각한다

의 능력으로 알 수 있는 것이 아니라, 하나님은 예수 그리스도 안에서 우리에게 가깝게 오셨기 때문에 우리가 하나님을 어느 정도 이해할 수 있습니다. 기본적인 것은 하나님에 대하여 알 수 있는 것이 아니라 모두 다 틀릴 수 있다는 것입니다. 저의 장인이 임종 전에 "나는 천국에 간다. 만약 천국이 있다면"이라고 말한 것을 저는 너무 좋아합니다. 내가 틀릴 수도 있지만 그럼에도 불구하고 하나님을 믿고 신뢰하는 것이 핵심입니다.

배타주의 사상을 가지고 있는 사람들은 대화하고 싶어 하지 않기 때문에 대화하기가 매우 어렵습니다. 그러나 기독교인으로서 대화하겠다는 사람을 거부하면 안 됩니다. 상대가 거부하면 어쩔 수 없지만, 우리는 거부해서는 안 됩니다. 대화는 모색하고 시도하되 답을 얻지 못하더라도 받아들이는 태도가 필요합니다. 서로를 설득시키지 못할 때가 많습니다. 그런데 남의 생각을 들은 것이 만약 진리라면 영향을 줄 수 있습니다. 진리를 거부할 수도 있고 무시할 수도 있으나 진리는 굉장히 강합니다. 그래서 저는 종교 간의 대화가 필요하다고 말합니다. 물론 말이 잘 통하지 않습니다. 말이 통한다고 생각할 때가 오히려 가장 위험합니다. 단어의 뜻이 서로 다르기 때문입니다.

4_ 흑백논리는 죽음의 그림자

세계교회협의회(WCC)를 너무 쉽게 또 몇몇 기독교인들을 너무 쉽게 빨갱이로 칭하는 것은 독재가 교회 안에서도 성공했다는 뜻입니다. 아주 슬픈 일입니다. 기독교 사상과 공산주의 사상은 아주 비슷합니다. 공산주의가 세속화된 기독교사상이기 때문에 공통점이 있을 수밖에 없습니다. 물론 기독교인은 공산주의자가 아닙니다. 공산주의를 너무 미워하는 사람들은 반대로 자기가 너무 자본주의와 가깝지 않느냐는 질문도 해봐야 합니다. 자본주의가 기독교와 친할 수 없는 부분이 있습니다. 그런데 자본주의와 가깝다면 자기 스스로 진짜 기독교인인가 점검해야 합니다.

두 번째 다원주의 문제인데, 다원주의를 너무 무서워할 필요가 없습니다. 다원주의를 말하는 학자들은 겸손한 사람들입니다. 인간적으로 볼 때 착합니다. 반면에 포괄주의는 조금 교만합니다. 그러나 다원주의자들은 성부를 강조하는데 기독교는 성자도 강조합니다. 성부만 강조하지 않습니다. 한국교회가 그동안 성자와 성령에만 집중했던 건 사실입니다. 성부를 무시해서 창조세계와 타종교(이웃 종교)에 대한 관심이 너무 없습니다. 한국기독교인들과 다원주의 양쪽이 모두 사상에 치우쳐 있습니다. 대결할 수밖에 없습니다. 삼위일체 전부를 통전적으로 봐야 합니다.

세 번째 동성애 문제, 저도 동성애 하면 안 된다는 교육을 받았습니다. 그래서 남자와 남자가 뽀뽀하면 정말 보기 싫습니다. 교육의 결과입니다. 우리가 받아온 교육 때문에 동성애 문제를 받아주기가 쉽지 않습니다. 그러나 우리가 받은 교육이 과연 옳을까요? 기독교인들은 모든 사람을 사랑해야 합니다. 적까지 사랑해야 하며, 남자가 여자뿐 아니라 남자까지 사랑해야 합니다. 동성애자들에게 문제가 있다면 성생활뿐입니다. 사랑 자체에는 문제가 하나도 없습니다.

그래도 성서는 이렇게 생각하지 않는 모양입니다. 동성애에 대하여 부정적으로 말합니다. 이유가 있습니다. 무엇보다도 자녀를 출산하지 못하기 때문입니다. 우리 부부도 아이가 없습니다. 피임하지 않아서 자녀가 생길 수 있었지만 현재 아이들이 없습니다. 그런데 동성

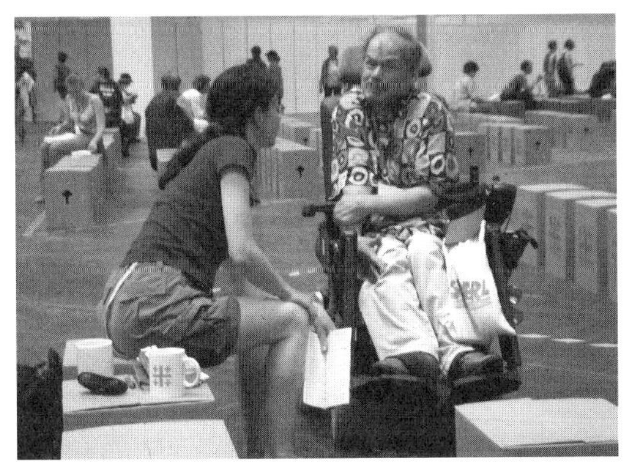

독일 교회의 날 행사 중 장애인과 비장애인이 친숙하게 대화하는 모습. 우리에게는 진지한 대화가 필요하다.

애자들 사이에는 자녀가 생길 수 없습니다. 기적이 생기지 않는 이상 아이가 생길 수는 없습니다. 이것을 창조질서 위반이라고 생각하는 사람들이 있습니다. 거기에 두 가지 윤리 시스템이 있습니다. 창조질서 중심, 사랑 중심 윤리개념이 있습니다. 창조질서 중심 개념으로는 동성애자들을 좋아하기가 어렵습니다. 사랑의 윤리질서로는 동성애 문제를 인정할 수 있습니다. 이 두 가지 중 예수님이 말씀하신 윤리는 사랑에 많이 집중되어 있습니다. 그래서 동성애를 인정해야 한다고 생각하는 기독교인들은 하고 싶은 말이 많고 입장이 강합니다. 그런데 창조질서를 무시하면서 사랑의 윤리만 주장하는 것도 안 될 것 같습니다. 반대로 창조질서만 주장하고 사랑의 윤리만 주장하는 것도 안 됩니다. 그러므로 천천히 대화하자, 천천히 서로에게서 배우자고 제안하고 싶습니다.

문화와 교육의 영향을 받았기 때문에 너무 급하게 변하면 영성에 충격을 받고 교회를 미워할 수도 있습니다. 천천히 함께 대화하고 천천히 변화하자는 입장입니다. 세계교회협의회(WCC)가 너무 급하게 멀리 갔습니다. 물론 현장을 보면 그럴 수 있습니다. 그런데 교회 입장에서는 위협적이니까 천천히 했으면 좋겠습니다.

신약성서에는 성인 남자가 미성인 남아를 성차별했던 배경이 있기 때문에 그 비판이 현재에는 맞지 않습니다. 재해석할 필요가 있습니다. 바이에른 주 루터교회에서는 여자 목사 안수를 허락할 때 반대하는 목사에게는 자기가 목회하는 교회에서 여성 목사의 청빙을 거절할 권리를 줬습니다. 그랬더니 시간이 흐를수록 자연적으로 해결되었습니다. 지금은 벌써 없어졌습니다. 반대하는 사람들의 입장도 관용으로 어느 정도는 인정해야 합니다. 그런 지혜로운 결정이 필요합니다.

독일은 에큐메니컬 교류를 통해 천주교회가 개신교회에서 배운 것들이 많고 개신교회도 천주교에서 배운 것들이 많습니다. 예를 들어서 성찬을 매주 하는 것이 옳다는 것을 발견했습니다. 독일 개신교회도 성찬을 한국 개신교회처럼 일 년에 3-4번 하곤 했습니다. 그것을 갑자기 매주 하는 것으로 변경시키면 영성에 있어서 충격이 될 수 있었습니다. 그래서 천천히 횟수를 늘리는 방법을 선택했습니다. 처음 60년대에 결정해 놓고 매월 한 번 하자, 그러나 8,90년대에는 매월 두 번 정도 하자, 그렇게 해서 대부분이 매월 두 번 하고 매주 하는 교회도 생겼습니다. 영성이 따라갈 수 있도록 천천히 바꾸어야 합니다.

동성애 문제도 아주 예민하기 때문에 제가 보기에는 천천히 해결해야 합니다. 항상 동성애자 목사가 있었습니다. 한국 개신교에도 있습니다. 그러나 말을 못하니까 침묵하고 있었습니다. 드러내지 않으면 문제로 인식하지 못할 일이지만, 커밍아웃한 후부터는 문제로 느러납니다. 얼마나 인내하며 논의할 수 있느냐의 문제입니다. 인내만 한다면 방향이 분명해집니다. 코이노니아 사상으로는 방향이 분명하지는 않습니다. 진리가 어디 있는지 모릅니다. 동성애를 인정하는 것도 잘못될 수 있습니다. 그러므로 끊임없이 대화해야 합니다.

5_ 한국교회, 무엇을 고치고 무엇을 바꿀까?

제가 2016년 여름 뮌헨에서 독일루터교회 예배를 참석했는데 어느 여성 목사가 공동예배를 꼭 참여하지 않아도 된다고 설교했습니다. 그래서 깜짝 놀랐습니다. 한국 목사들은 공동예배는 꼭 참여해야 한다고 하잖습니까? 완전 다른 이야기였습니다. 대조적이었습니다. 만약 공동예배에 참여하지 않아도 된다면 그 마지막 말은 교회를 오지 않아도 된다는 말이 됩니다. 저는 이렇게 생각합니다. 독일 목사들은 공동예배에 참여하는 것이 절대적인 필수는 아니라는 것을 로마서 12장에서 그 근거를 찾습니다. 바울은 온 삶을 통하여 산제사를 드리라고 했습니다. 산제사로 몸을 드려라, 이렇게 나오는데 그 의미가 자살하라는 게 아니라 온 삶, 온 생명으로 하나님을 섬기라는 뜻입니다. 주일예배만 참여하는 것으로 충분하지 않고 온 삶이 포함됩니다. 독일 목사들은 거의 온 삶이 예배가 되어야 한다고 합니다. 예배는 기독교인의 전체 삶을 의미합니다.

만약 혼자 있을 때 예배다운 삶을 산다면 공동예배를 참여할 필요가 없어지는 것이 아닙니까? 그것은 교회에 아주 중요한 문제입니다.

공동예배가 있어야 교회가 존재할 수 있습니다. 왜냐하면 사람은 각 개인으로 살면 기독교인으로서 살 수 없기 때문입니다. 교회 공동체에는 두 가지 핵심적인 목적이 있습니다. 믿음은 위기에 빠질 수 있습니다. 또 위기에 빠집니다. 그때 공동체가 그 위기를 극복하도록 기도해 주고, 예배의 중요성을 기억하도록 도움을 줍니다. 공동체가 있기 때문에 위기에 빠질 때 다시 회복될 수 있습니다. 다른 사람들이 어떻게 기도하는지 들으면 그게 도움이 됩니다. 탕자가 되어도 돌아갈 고향이 되어줍니다.

두 번째 이유는 개인적으로 성경을 읽더라도 완벽하게 이해할 수 없습니다. 예수를 혼자서는 완벽하게 이해할 수 없습니다. 공동체가 있는 것은 나의 치우친 것을 성숙해지도록 완성한다는 데 의미가 있습니다. 따라서 우리 모두에게는 공동체가 필요합니다. 독일 목사는 이렇게 말해야 했습니다. "공동예배는 절대적 율법은 아니지만 귀한 것입니다. 그러니 모두 함께 합시다"라고.

독일은 국가종교였던 전통이 남아 있어 아직까지 그 전통에 기생하고 있습니다. 독일 여 목사가 했던 것처럼 그 말을 하면 교인들이 없어지는데 무책임한 행동입니다. 반면 한국 목회자들은 공동예배 참여가 의무라고 강조하는데 그 말도 신학적으로 맞지 않습니다. 율법을 세우는 일입니다. 기독교인들은 항상 율법으로부터 해방된 사람들이어야 합니다. 한국 목회자들은 공동예배를 꼭 참여해야 한다고 말하는데 이것은 이기주의적인 말입니다. 그렇게 말하는 이유는 내 교회가 잘 되어야 한다는 생각에서 나온 말입니다. 교회 성장을 해야 안

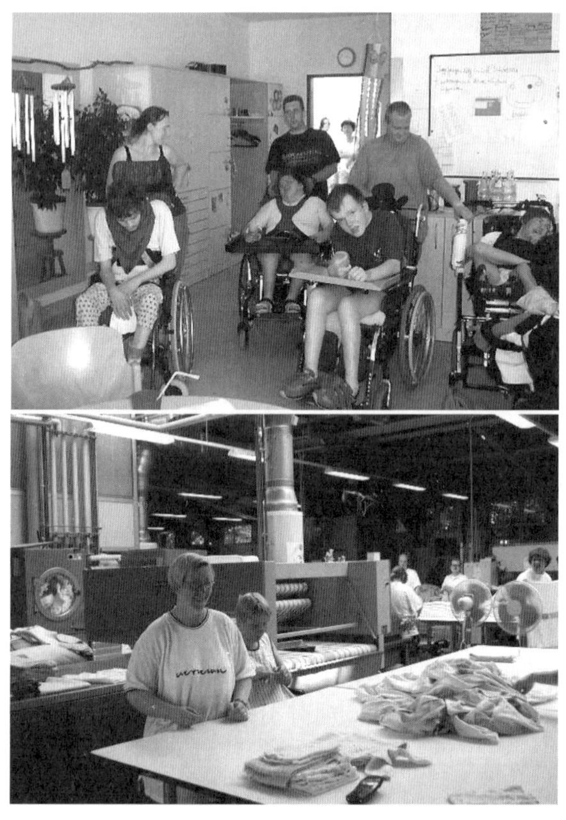

독일 보훔의 디아코니아 장애인 교육장과 베델의 병원 세탁물을 다루고 있는 디아코니아 작업장. 한국교회가 배워야 하는 사회선교 현장이다.

전하게 살 수 있기 때문입니다. 그래서 항상 목회자들은 교회를 잘 나오도록 말씀을 해석했습니다. 나의 개 교회를 위해 가르쳤습니다. 모범적인 기독교인들의 신앙생활 지침으로 말씀묵상, 기도, 십일조, 주일성수, 전도 등을 자신의 교회를 위한 것으로 가르쳤습니다. 이렇게 했던 것은 이기적인 입장이지만 너무 심각하게 비판하고 싶지는 않습니다. 이해되는 그 배경도 있습니다. 그렇지만 많은 기독교인들이 주일에만 기독교인으로 살고 평일은 마음대로 사는 '선데이 크리스천'이 되는 결과를 낳았습니다. 큰 문제입니다.

독일은 도시교회의 경우 1퍼센트 이하가 공동예배에 참여합니다. 시골은 아직 그 정도는 아닙니다. 한국 개신교회가 과거 독일교회를 대상으로 한 농담이 있습니다. 기독교의 묘지를 보고 싶다면 독일교회를 보라고 말입니다. 교회를 무덤이라고 비판했던 겁니다. 그런데 지금 그 비난이 부메랑처럼 돌아왔습니다. 한국교회도 지금까지 계속 교인이 줄고 있고 앞으로 더 줄어들지도 모릅니다.

그런데 사실 이것도 독일, 한국만의 문제가 아니라 초대교회에서도 2세기부터 교인들의 예배 참여가 떨어졌습니다. 그래서 속사도교부들은 1세기에 벌써 예배에 열심히 참여하라는 권면을 계속 했습니다. 이건 항상 있는 문제입니다. 기독교인들은 율법으로부터 해방되었습니다. 모두 다 그렇습니다. 한국 개신교 목사들이 '해야 한다'고 말하면 율법주의자 사상입니다. 예를 들어 우리가 율법에 따르면 안식일을 토요일에 모이지 않고 일요일(주일)에 모이는 것 자체가 해방된 증거입니다. 돼지고기도 즐겨 먹습니다. 이것도 완전 위법입니다. 넌센스입니다. 사도 바울과 온 세계 교회가 율법에서 벗어난 일요일을 주일로서 예배합니다.

율법은 무엇인가 생각해 봐야 합니다. 유대인들은 십계명을 지킬 수 있다고 생각합니다. 그런데 절대적 계명을 온전히 지키는 것이 어렵습니다. 그걸 지킬 수 있도록 유대인들은 수많은 실천 규정을 만들었습니다. 그 작은 규정들을 지키면 십계명 전체를 지키는 것으로 봤습니다. 그 수많은 규정을 지키는 건 복잡하고 어렵습니다. 그런데 하나씩 하나씩 지키는 것은 가능합니다. 그런데 예수님의 십계명 해석은 다릅니다. 잘못 생각만 해도 범죄하는 것입니다. 그런데 우리가 인간으로서 나쁜 생각을 검토하는 데 한계가 있습니다. 방지하는 결정은 생각이 난 이후입니다. 그것은 이미 예수님의 십계명 해석에 따르자면 위법입니다. 예수님은 우리가 나쁜 생각으로부터 해방되어 새 인간이 되어야 십계명을 지킬 수 있다는 입장입니다. 예수님의 십계명 해석은 종말론적 모습입니다. 초기 아담과 같은 원시적인 네안데르탈(Neanderthal)인의 모습이 우리 유전자에 있기 때문에 아직은 제대로 지키지 못합니다.

그런데 앞으로 성령을 통해 완전히 거듭나게 되면 새 피조물, 참 인간이 되어 나쁜 생각이 생기지 않고 십계명을 지킬 수 있다는 겁니다. 예수님의 십계명 해석은 미래를 향한 해석입니다. 종말론적입니다. 완벽히 지키기가 아직 불가능합니다. 그래서 루터는 율법은 왜 있는가 하는 질문에서 특별한 개념을 만들었습니다. 율법을 들을 때 우리가 율법을 완전히 지키지 못함을 인식합니다. 예를 들어 거짓말하지 말라고 했으나 우리는 거짓말할 수밖에 없습니다. 그래서 루터는 십계명은 공격적인 역할과 기능이 있다고 합니다. 내가 죄인임을 깨달아야 하기 때문입니다. 율법은 모든 사람에게 죄인임을 보여주는 몽학선생과 같습니다. 율법을 다 지키고 극복해서 훌륭한 사람이 되라는 게 아니라 죄인 됨을 인정하라는 것입니다. 그래서 우리는 "하나님, 우리를 불쌍히 여기소서, 키리에 엘레이손(Kyrie Eleison)" 하고 간절한 기도를 통해 용서를 구합니다.

율법은 예수를 향한 몽학선생입니다. 예수를 통한 은혜를 원하게 됩니다. 다른 피난처가 없기 때문입니다. 루터교에 의하면 율법은 꼭 지켜야 하는 것이지만, 완벽하게 못 지키니까 예수께 우리를 바치고 죄를 고백하고 용서를 받고 예수 안에서 거듭나고 새 인간이 되어서 사랑을 회복하고 완성되고자 하는 것입니다. 이 과정을 통해 하나님과 보혜사 성령의 도움으로 나중에 율법을 지킬 수 있게 됩니다. 즉 하나님이 가능하게 하시는 것입니다.

예배를 율법적으로 지켜야 한다는 차원은 기독교의 핵심사상을 이해 못하는 것입니다. 예배는 새 인간이 되고, 새 창조가 되는 시간과 장소입니다. 죄를 고백하고 용서받고 하나님 말씀을 통해 새 인간이 되는 변화를 받는 시간입니다. 그러므로 공동예배를 거부하면 새 인간이 될 수 없고 옛 아담에 속할 뿐입니다. 기독교인답게 되기 위해서는 예배에 참석해야 합니다. 예배는 새 창소입니다. 예배학자들은 그것을 예배의 프롤레프시스(prolepsis, 하나님 나라를 미리 맛보는 것) 기능이라고 합니다. 하나님 나라를 예배에서 미리 맛볼 수 있습니다. 한 번에 거듭나는 게 아니고 공동예배에 정기적으로 참여하여 공동예배의 지속적 영향으로 우리가 변할 수 있습니다. 사도 바울도 잡지 못한 것인데 우리가 한 번에 이루고자 하는 것은 옳지 않습니다.

돈은 항상 예민한 문제입니다. 교회운영비, 사례비, 선교비 등 교회가 돈을 필요로 합니다. 어쩔 수 없는 요소입니다. 그래서 돈을 얻는 방법들이 다양합니다. 한국 개신교에서는 주일헌금, 십일조 개념이 있습니다. 나쁜 시스템이 아니라고 생각합니다. 독일교회는 옛날부터 땅이 있었기 때문에 농부에게 빌려주고 거기서 나오는 열매의 십일조로 목사들의 사례비를 만들었습니다. 지금은 교인들이 월급을 받기 전에 세금과 함께 헌금을 자동으로 냅니다. 종교세라는 게 있는데 그게 헌금입니다. 헌금과 함께 세금을 냅니다. 그것에 불만을 가진 사람도 많습니다. 종교세 때문에 교회를 떠나는 사람들이 있습니다. 월급의 1~2퍼센트밖에 안 됩니다. 만약 십일조라고 하면 수많은 사람들이 교회를 이탈했을 겁니다. 그런데 수많은 사람들이 그렇게 월급에서 자동적으로 내니까 큰돈이 됩니다. 예배 때 내는 헌금은 오히려 적습니다. 동전을 많이 냅니다. 이건 시스템의 차이에 불과합니다.

독일교회 어느 단체가 한국 개신교를 방문해서 안내했는데 헌금 시간에 동전 소리가 났습니다. 제가 얼마나 창피했는지 모릅니다. 독일 손님들이 조금만 낸 거예요. 그래서 제가 야단을 쳤습니다. 그리고 또 설명했습니다. 한국교회가 얻는 돈은 예배 때 얻는 게 전부니 소리 나는 동전을 내면 안 되고 지폐로 헌금을 해야 한다. 그래서 그다음부터는 항상 먼저 설명합니다.

저는 십일조에 대해서 나쁘게 생각하지 않습니다. 제가 독일 본대학교에서 공부할 때 아내에게 십일조 통장이 있었습니다. 유학 온 학생이 이웃에 있었는데 얇은 가을 외투만 입고 있었습니다. 제 아내가 십일조 통장에서 찾은 돈으로 아무도 모르게 겨울 외투를 선물했습니다. 너무 좋아했습니다. 저에게도 십일조 통장을 만들라고 했는데 저는 절대로 하지 않겠다고 했습니다. 만약 누군가 나의 도움을 필요로 한다면 그때 십일조를 그에게 기꺼이 주겠다고 했습니다. 그러나 나의 도움을 필요로 하는 사람은 단 한 명도 나타나지 않았습니다. 언제부터인가 십일조를 따로 했더니 그때부터 나의 지원을 필요로 하는 사람들이 계속해서 나타났습니다. 십일조 통장을 만들지 않으면 맹인입니다. 돈을 너무 좋아하니 돈을 필요로 하는 사람이 보이지 않습니다. 반대로 그게 나의 돈이 아니라고 생각하니까 도움 줄 사람들에 대해 눈을 뜨게 됩니다. 십일조 내는 것은 돈 욕심으로부터 해방하시려고 하는 하나님의 독특한 치료법이라 여깁니다. 제 생각에는 십일조가 율법이라기보다는 각 개인을 돈 욕심에서 해방하게 하는 해방법이며 교회 공동체를 위한 재정적 기여입니다.

기독교인들은 나눠야 합니다. 기독교인들이 십일조 내는 것은 나눔의 실천이라고 생각합니다. 십일조면 상당히 큰돈입니다. 돈 욕심이 있으면 10퍼센트 내는 것이 어렵습니다. 그런데 십일조면 충분합니까? 제 생각에 기독교인들은 그보나 훨씬 더 많이 나눠야 한다고 생각합니다. 10퍼센트 나누는 것은 핑계라 여기고, 삶 전체를 나눠야 합니다. 50퍼센트 정도를 나눠야 하지 않겠습니까? 십일조는 타협(compromise)입니다. 원래 전 생을 바쳐야 하는데 그 정도로 생명과 사랑을 나눠야 합니다. 십일조는 큰 나눔을 상기하게 합니다. 저는 십일조보다 훨씬 더 많은 돈을 내는 사람을 알고 있습니다.

만약에 우리에게 돈 여유가 있다면 우리는 도둑질하는 사람입니다. 아직 굶주리는 사람이 많이 있는데 여유가 있다면 나누지 않은 것이니 곧 도둑질입니다. 이것은 루터의 계명 해석인데 저도 동감합니다. 그런데 가난한 사람들이 대부분 멀리 있기 때문에 사람들이 도와줄 필요가 없는 줄로 압니다. 나의 문 앞에 나사로 같은 사람이 앉아 있는 것을 볼 때, 착한 기독교인이라면 냉장고 안의 음식을 다 줄 겁니다. 그런데 멀리 있으니까 멀게 느껴져서 도와주지 않습니다. 나눠야 합니다. 기독교인들에게는 악한 일을 하는 것뿐만 아니라 착한 일을 안 하는 것도 죄입니다. 이렇게 해석해야 할 것 같습니다. 전 세계 기독교인들이 십일조의 절반을 개 교회에 주고 다른 절반을 위기에 빠진 사람, 굶주린 사람에게 나눠준다면 기아문제가 완전히 해결될 거라고 생각합니다.

일상의 즐거움을 주는 초코과자로 꾸민 아기 예수 탄생(체코)

그래서 저는 한국교회의 십일조를 전 세계에 알리기 위해서 WCC 총회 때 소개하자는 제안도 했습니다. 그런데 제가 만난 교회 지도자들은 저의 제안을 다 무시했습니다. 십일조를 제대로 사용한다면 아주 귀한 것입니다. 그런데 십일조가 너무 많이 악용되니까 사람들이 인정하지 않는 것입니다. 교회가 큰 교회건물을 짓는 데만 욕심이 있어 계속 교인들에게 돈을 요구합니다. 교인들은 돈 요구를 싫어하게 되었습니다. 착한 목적과 나누기 위하여, 기아, 환경, 정의로운 사회를 위하여 사용한다면 인정받기가 쉽다고 생각합니다. 그래서 십일조를 올바르게 사용해야 합니다. 많은 사람들이 십일조를 투자로 오해합니다. 복 받고 건강한 삶을 얻을 수 있는 조건이라고 생각하는데 아닙니다. 십일조는 감사헌금입니다. 하나님으로부터 받은 것이 필요보다 더 많기에 감사하는 마음으로 공동체와 나눈다고 여기고 행해야 합니다.

솔직히 말하면 기독교인이지만 저도 돈을 너무 좋아합니다. 그래서 그 위험성을 잘 압니다. 기독교인들도 욕심에 쉽게 빠질 수 있습니다. 십일조를 내지 않아도 된다고 말하면 교인들이 돈 욕심에 빠지는 것을 방치하는 결과를 초래합니다. 제가 보기에는 무책임한 행동입니다. 목회자들은 돈 있는 사람들에게 항상 양심적으로 나누라고 말해야 합니다. 그게 목사의 책임입니다. 월급을 받아야 하니, 너의 돈을 내가 받겠다 한다면 신뢰도 못 얻고 교회가 망할 수밖에 없습니다.

"예수 천당, 불신 지옥"이란 슬로건을 흔히 볼 수 있었습니다. 그

슬로건은 과거의 선교법이며 요즘은 먹히지 않습니다. 인상 깊고 간단한 선교 방법이지만 믿지 않는 사람들이 그것을 어떻게 느끼는가 한 번 생각해봐야 합니다. 사람에게 두려움을 주고 무섭게 만드는 겁니다. 지옥에 가고 싶지 않기 때문에 믿기를 원합니다. 그래서 기독교인이 되기를 원하게 됩니다. 개인적인 구원의 욕심 때문에 기독교인이 되고 싶어 합니다. 이건 이기주의입니다. 이것은 기독교인에게 결코 좋은 방법이 아닙니다. 우리가 하나님을 주체적으로 사랑할 필요가 있습니다. 구원을 얻기 위하여 믿는다는 건 문제가 있습니다. 종교적인 이기주의를 말합니다.

한국교회는 수십 년 동안 그런 가르침을 주었기 때문에 사람들은 다 믿음을 통하여 얻는 것이 있다고 말합니다. 물질적인 선물, 영적인 약속 등 영적인 이기주의를 가르쳤습니다. 아주 심각한 문제입니다. 그 말은 대부분 성서에 나오는 줄 압니다. 굳이 예를 들자면 세례 요한의 선교방법을 말할 수 있습니다. 세례 요한이 사막에서 외쳤던 것은 이렇습니다. 곧 최후의 심판이 옵니다. 아주 가깝습니다. 도끼가 나무를 자르기 시작한 것처럼 아주 임박했습니다. 그 최후의 심판 때 불로 심판하는데 빨리 회개하지 않으면 그 불에 타서 죽을 수밖에 없습니다. 그러나 회개하면 물세례를 줍니다. 물 포장이 됩니다. 물속에 있으면 물을 통하여 불 속을 안전하게 지나갈 수 있습니다. 다 불에 들어가야 하는데 세례 받은 사람은 심판에서 살아남아 천국에 들어갈 수 있습니다. 그런데 세례를 못 받으면 타 죽습니다. 그래서 세례 요한은 무섭게 경고했습니다. 빨리 결정 안 하면 다 죽는다고 말입니다.

〈Life Tree〉 멕시코 원주민의 에덴동산을 표현한 토기다. 2013년 부산에서 열린 WCC 마당 원주민 코너에서 구한 것이다.(ⓒ 송병구)

예수와 세례 요한의 메시지는 똑같습니다. "회개하라. 천국이 가까이 왔느니라." 그러나 예수의 선포는 완전히 달랐습니다. 천국이 가까이 왔다는 의미는 벌써 우리 가운데 천국이 생기기 시작했음을 말씀하신 겁니다. 천국이 벌써 예수를 통하여 시작됐기 때문에 하나님 나라를 경험했기 때문에 변했고, 믿기 시작했기 때문에 변할 수 있게 되었습니다. 천국이 벌써 와 있기 때문에, 지금 회개할 수 있게 되는 것이고, 하나님이 회개할 수 있게 해주셨다는 큰 차이가 있습니다. 예수는 새로운 현실을 경험하기 때문에 변할 수 있다는 기쁜 소식을 전했습니다. 세례 요한처럼 살아남기 위해 억지로 믿어야 한다고 생각하지 않고 미워했던 하나님을 사랑하게 돼서 갑자기 믿게 되었습니다. 이기주의적인 것이 하나도 없어요. 하나님의 사랑을 경험했기 때문에 변할 수 있습니다. 이건 완전히 다릅니다. 위의 선교방법은 완전히 잘못된 것입니다.

이 차이를 한국교회가 분명히 구분해야 한다고 생각합니다. 루터의 신학사상도 바로 거기서 발견될 수 있습니다. 한국교회에 선행을 해야 천국에 갈 수 있다는 말이 있지 않습니까? 그 말이 완전히 잘못된 것도 아닙니다. 마태복음 25장에 이렇게 설명된 부분이 있습니다. 내가 아팠을 때에 방문했고, 헐벗었을 때 입혀줬고, 목마를 때 마시게 했고, 배고팠을 때에 먹여줬고 이 같이 지극히 작은 자에게 했던 것이 나에게 한 것이라고 예수는 말씀하셨습니다. 행동을 통해 천국에 갑니다. 예수를 주여 주여 부르는 자마다 천국에 다 가는 게 아니라 행동을 통하여 천국에 갑니다. 이것은 틀린 게 아닙니다. 그런데 종교개혁자들은 행동이 아니라 칭의를 통하여 구원 받는다고 주장했습니다. 이것은 모순처럼 들리지만 모순이 아닙니다. 순서가 중요합니다. 선행을 해야 하는데 이건 나의 선의로 하는 게 아니고 칭의의 결과입니다. 하나님이 은혜를 주셔서 참 인간이 됐기 때문에 선행을 할 수 있게 되는 것입니다. 그래서 선행의 주체는 내가 아니라 하나님입니다. 하나님께 드리는 선행이 아니라 하나님이 가능하게 해 주신 선행입니다. 분명히 차이가 있습니다.

루터가 이를 어떻게 극복했을까요? 루터는 선행을 해야 천국에 갈 수 있다고 생각해서 수도회에 입회했습니다. 기도 열심히 하면 천국에 갈 수 있다고 생각했습니다. 지옥을 많이 무서워했습니다. 그러나 루터의 양심은 예민했습니다. 아직 죄가 있다는 것을 알았습니다. 그 죄를 벗어나지 못하는 것을 많이 느꼈기 때문에 매일매일 고해성사를 했습니다. 고해성사 받는 동료 신부가 루터만 보면 도망가려고 했습니다. 루터가 방귀만 뀌어도 죄를 고백했기 때문입니다. 루터는 아주 작은 잘못도 죄로 여겼던 사람입니다. 모든 것을 다 죄로 여겼습니다. 이런 루터가 나중에 칭의를 발견한 것입니다.

한국 찬송가에도 잘 나타나 있습니다. 옛날 찬송가 "예수가 함께 계시니"의 4절 "주께서 심판하실 때 잘했다 칭찬하리니 이러한 상급 받도록 예수를 위해 삽시다" 저는 이 찬송을 좋아하지만 사실 4절은 비개신교적입니다. 상을 받기 위하여 살자는 것은 이기적인 목적을 위하여 살자는 말입니다. 또 상을 받을 수 있다고 생각하면서 부르는 것입니다. 그런데 우리는 상 받을 만한 사람이 아닙니다. 아무리 노력해도 의인이라기보다 계속 죄인입니다. 상을 받도록 살자고 하는 건 비종교개혁적인 내용입니다. 우리 죄의 심각함을 발견하지 못하는 것입니다. 그렇지만 우리의 행위로 칭의를 받지 못해도 그리스도의 은혜만으로 멸망하지 않습니다.

기독교인은 죄를 벗어나기가 불가능합니다. 루터교회의 외침은 동시에 의인이며 죄인이라는 주장입니다. 마태복음 25장을 생각하면 선행이 필요합니다. 그런데 그것은 하나님의 칭의의 결과입니다. 많은 사람들이 칭의론을 비판합니다. 선행을 좋아하지 않는 사상이라고 생각합니다. 그건 오해입니다. 칭의를 통하여 거듭나고 참 인간, 새 피조물이 되면 어쩔 수 없이 선행이 나올 수밖에 없습니다. 루터는 좋은 나무에 좋은 열매가 있다고 말하였습니다. 옛 아담으로서 좋은 열매를 낼 수 없습니다. 옛 아담만이 아니기 때문에 기독교인으로서 좋은 열매를 맺을 수 있습니다. 그건 거룩함 때문인데 우리가 만드는 게 아니고 하나님이 우리를 거룩하게 만드십니다. 웨슬리도 그렇게 말했잖습니까? 하나님께로 거듭나고 이웃을 향하여 거듭나는 것, 이 순서를 바꾸어 말하면 안 됩니다. 열매가 없으면 기독교인이 아닙니다. 값싼 은혜는 없습니다. 은혜는 무료이지만 열매가 안 나오는 은혜라면 은혜라 말할 수 없습니다.

마당 Ⅳ

한국교회의 진통과 바로 봄

1_ 한국교회에 대한 비판

먼저 성직매매에 대하여 이야기하려고 합니다. 16세기 종교개혁의 시발점은 성직매매 문제였습니다. 브란덴부르크의 알브레히트 주교가 욕심이 많았습니다. 그가 마그데부르크의 주교 임명을 받았습니다. 그러나 여기에 만족하지 않고 할버쉬타트 교구의 관리자 주교직까지도 함께 얻었습니다. 이것도 만족하지 않고 마인츠 교구의 대주교가 공석이 되었을 때 대주교직도 얻으려고 했습니다. 선제후여서 황제를 선출할 수 있는 엄청난 권력이 있는 위치였기 때문입니다. 천주교회 법에 의하면 교구 하나의 사제직만 가질 수 있었는데 두 개 주교직을 얻고도 세 번째까지 얻으려 했습니다. 물론 위법이니까 교황청의 허락을 받기 위해 뇌물을 줘야 했습니다. 보통 뇌물도 아니고 어마어마한 큰 뇌물이었습니다. 교황청은 당시 성 베드로 성당을 재건축 중이어서 그런 큰돈이 필요했기 때문에 거래가 성사되었습니다. 마인츠의 대주교직까지 얻을 수 있었습니다. 그러나 그 뇌물 또한 자신의 돈이 아니었습니다. 알브레히트가 그 어마어마한 뇌물을 주기 위해 당시 자본주의 초기 은행인 아우크스부르크시의 갑부 야콥 푸거라는 사람이 은행을 설립하였고 거기서 돈을 빌려서 대주교 자리를 샀던 것입니다. 이걸 갚아야 되니까 교황청에 면죄부를 제안하게 되었고, 레오 10세가 1517년 면죄부 선언을 하게 되었습니다. 면죄부 수입의 50퍼센트를 알브레히트가 가졌고, 교황청이 50퍼센트를 갖는 방식이었습니다. 그렇게 해서 성 베드로 성당이 완성될 수 있었고, 푸거 은행 대출금도 상환할 수 있었습니다. 이렇게 종교개혁은 성직매매로 시작되었습니다. 루터가 이 매매를 반대하기 위해 논쟁을 제기했던 것입니다. 천주교의 성직매매와 비리사건으로 발인된 일입니다.

한국 개신교회에서도 이러한 뇌물을 주고 고위성직을 얻으려고 하는 시도가 많습니다. 예를 들어 큰 교단에서 총회장이 되고 싶어 하는 사람들은 총대들의 표를 얻기 위해 수억대의 엄청난 돈을 쓴다는 소문이 있습니다. 감독이나 감독회장 선거 때도 마찬가지입니다. 그들은 선출만 되면 임기 안에 이 돈을 다 되찾을 수 있으므로 엄청난 돈을 미리 선거과정에 쓴다고 합니다. 선거 때 교회의 돈을 사용하고 선

거룩함 회복과 자성의 목소리를 담아 죄책고백문을 낭독하고 있는 예장통합총회와 성찬식에 참여하는 기장 총회(2016. ⓒ 국민일보)

출된 후 받는 돈은 자신의 것이 됩니다. 그래서 한국에서 고위 성직 문제를 볼 때 아주 비슷한 현상이 나타납니다.

이뿐만 아니라 한국 개신교에서 장로가 되고 싶으면 대형교회의 경우에 큰 헌금을 내어 놓아야 장로직을 받습니다. 그래서 거의 재정적인 여유가 있는 사람들만 장로가 될 수 있습니다. 예를 들어 저의 장인은 돈 여유가 없었습니다. 공무원이었고 뇌물을 받지 않는 사람이었기 때문에 겸손하고 가난하게 살았습니다. 그래서 아주 늦게 장로가 됐습니다. 큰돈을 기부하지 못했기 때문입니다. 이것은 제가 볼 때 한국 개신교회에 손해가 될 수 있습니다. 장로들이 장로교회에서는 큰 역할을 하기 때문에 교회의 정체성에 영향을 줄 수 있는 위치를 가지고 있습니다. 그래서 장로교회 일부가 사업화되었습니다. 종교사업 같은 방향으로 변질되는 데 장로님들도 역할을 했습니다. 그리고 장로님들은 사업적인 지도자이기 때문에 겸손한 기독교인의 정체성을 갖기보다는 비즈니스 지도자, 사회 지도자의 역할을 하고 있습니다. 그래서 장로교회에서는 힘겨루기도 있습니다. 장로들과 목사들의 힘 싸움이 있어서 목사들은 거의 꼼짝 못할 정도로 조심해야 하는 경우도 많다고 합니다. 장로들에게 큰 헌금을 요구하고 장로 안수를 허락하는 것은 결코 좋지 않습니다. 장로에게 제일 필요한 것은 영성, 신앙적인 경험, 독립성, 지성이며 철학적인 지식이 많아야 합니다. 뿐만 아니라 안수를 돈으로 사는 목사들이 있다고 합니다. 제대로 공부하지 않고 신학대학을 졸업하지도 않은 사람들이 목사안수까지 받는다고 합니다. 주류 교단이 아니라 이상한 교단들 이야기겠지만 그런 몰지각한 사람들이 있습니다. 그래서 모든 성직매매는 큰 문제가 됩니다.

성직매매는 신약시대부터 있었던 일입니다. 사도행전 8장에 보면 사마리아 지역에서 활동했던 시몬이라는 무당이 있었습니다. 무당으로서 사도들의 성령 충만함을 보고 엄청난 권위를 갖고 있음을 발견했습니다. 그 은사를 얻고 싶어서 성령을 돈으로 사려고 했습니다. 신약시대부터 금지되었고 저주받는 범죄였습니다. 그러나 교회가 공식적인 종교로 인정을 받고 국가종교로까지 인정을 받으면서 그와 같은 문제들이 발생하였고 커졌습니다. 왜냐하면 대중이 기독교인들이 되면서 성직자가 많이 필요했기 때문입니다. 성직을 받을 때는 언젠가 박해를 받을 수도 있다는 두려움을 갖고 시작해야 했는데 그런 태도가 미약한 상태에서 이익 중심과 보람 중심으로 성직을 얻으려고 했습니다. 이 같은 좋지 않은 전통이 강해졌습니다. 그래서 451년에 칼케돈 공의회에서 성직매매 문제가 완전히 정죄됐습니다. 거기서 파문의 범죄로 판단되었고 오늘까지도 성직을 매매한다면 유럽교회든 천주교회든 성직을 잃을 뿐만 아니라 파문을 당합니다.

2 성직매매의 비극

한국교회를 보면 총회장 선거를 할 때, 투표권이 있는 총대들에게 표를 준 보람이 있다는 마음이 들게 하는 약속을 합니다. 이것도 제 관점에서는 성직매매로 간주해야 합니다. 다수를 위한 공식적인 정책을 소개할 수는 있습니다. 하지만 총대 일부에게 약속하고 표를 얻기 위해 제안하는 건 모두 성직매매로 간주해야 합니다. 이 문제가 여러 차원에서 한국 개신교회를 병들게 하고 있습니다. 그런 총회장은 파문해야 합니다. 성직을 상실하게 해야 합니다. 그런 처벌 규정과 관련 시스템이 지금 없습니다. 그것이 제도화되지 않았습니다. 이건 아주 심각한 문제입니다.

독일교회는 성직에 대한 매매가 있을 수 없습니다. 천주교회가 로마 대주교를 선출할 때 욕심이 없으면 로마 주교가 될 수 없다고 말합니다. 그런데 욕심이 있는 동안에는 절대로 뽑히지 않습니다. 먼저 교황이 되려면 열심히 일하고 공부하고 지식을 쌓고 관계를 많이 만들어야 하지만 그 욕심을 포기하지 않는 사람은 성숙한 모습을 갖고 있지 않기 때문에 절대로 로마의 대주교가 될 수 없다는 것입니다. 추기경들 사이에서 통하는 속담입니다. 이건 사실 서구교회의 전통이기도 합니다. 개신교회도 마찬가지로 총회장이나 감독선거를 할 때 선거운동을 합니다. 감독들은 자기 선거운동을 합니다. 목회자가 된 사람들 중에는 꼭 목사가 되고 싶어서, 이 일을 보람 있게 여겨서 되는 경우가 많지 않습니다. 목회자들은 수입이 많지 않고 희생하는 부분이 큽니다. 목회자들은 계속 섬기는 위치에 있습니다. 휴가와 보장된 월급은 있지만 할 일이 많습니다. 독일교회 목회자는 하루 12-16시간 정도 근무하는 꼴입니다. 목사가 되고 싶어 하는 젊은이들은 거의 없습니다. 목회자 후보생들을 보면 거의 다 사명을 받아서 목사가 됩니다.

저도 그랬습니다. 중동의 석유 수입자가 되고 싶었습니다. 그 정도로 갑부가 되고 싶었는데 저의 계획은 아예 이루어지지 않았고 억지로 목사가 됐습니다. 잘 때 기도하면서 여러 번 확신을 얻었습니다. 단계적인 발전이었기 때문에 한꺼번에 이루어진 건 아닙니다. 하나님의 인도하심에 따라가는 사람만이 목사가 되어야 한다고 할 수 있습니다. 목사가 대를 이어 배출되는 전통을 가진 가정도 있습니다. 독일에 목사의 자녀와 방앗간 집 가축들이 질되는 경우가 느물다는 속담이 있습니다. 왜냐하면 내 자녀, 내 가축보다 남을 먼저 생각해야 하기 때문입니다. 그래서 목사 자녀들은 절대 목사가 되려 하지 않는 경우가 많습니다. 희생하는 모습을 보니까 피하려고 합니다.

독일은 세습이 없습니다. 가정의 전통에 따라 목사가 배출될 뿐입니다. 자녀가 목사가 되더라도 부모의 교회에서가 아니라 총회의 파송으로 목회를 시작하기 때문에 결코 세습이 있을 수 없습니다. 개인이 선택할 수 있는 문제가 아닙니다. 뇌물을 줄 수도 없습니다. 다 투명하게 하니까 위원회들이 함께 결정합니다. 아버지와 똑같은 교회에서 목회하는 것도 아닙니다. 나중에 원하는 교회의 청빙 광고에 응대할 수는 있지만 성직매매나 세습 문제는 아예 없습니다. 그 이유가 있습니다. 개 교회를 목사의 개인 소유로 봐야 세습을 할 수 있습니다. 그런데 서구의 교회사가 매우 길기 때문에 개척 단계가 수세기 전에 지나갔습니다. 지금은 총회가 주관하고 있기 때문에 개인 소유가 없습니다. 그래서 그 문제가 아예 없습니다. 앞으로 한국에도 없어지리라 생각합니다. 개척 첫 세대가 은퇴하기 때문에 그런 경우가 많이 생겼지만, 지금은 교회 개척이 거의 불가능합니다. 백년 후에는 교회 개척도 드물어지고 그 문제가 자연적으로 해결되리라 봅니다.

3 공교회의 전통으로 돌아가야

세습에 대해 좀 더 얘기를 하자면, 한국에서는 자기 돈으로 교회를 개척한 목사들이 많습니다. 나중에 교회가 잘 운영되어 확대되어서 건축하는 경우에는 교인들의 헌금으로 건축을 합니다. 개척 당시 우선 목사의 개인 재산이 투입되었고, 나중에 교인들의 헌금이 들어가는데 교회가 든든해지면 문제가 없습니다. 교회가 연금을 줄 수 있고 은퇴에 큰 문제가 없어집니다. 그런데 만약 교회가 기대만큼 성장하지 못한 경우, 충분한 연금을 지급하지 못할 때 문제가 발생합니다. 많은 목사들이 나의 교회, 나의 재산이라 여기고 교회를 정리해서 팔기도 합니다. 그런 경우가 굉장히 많습니다. 그 교회 재산을 자기 연금으로 사용합니다. 이게 옳습니까? 자기 재산으로 시작했더라도 나중에 교인의 재산도 추가되었으니 이건 불법입니다. 교회를 개인 재산으로 보는 문제로 드러났습니다. 목사들이 교회를 개인 소유로 생각하기 때문에 자녀에게 줘도 된다고 생각합니다. 그 점에 있어서 한국 개신교회가 500년 전의 천주교회와 비슷한 것 같습니다. 중세부터 영주들이 사적으로 세운 성당들이 많았습니다. 거기서 사제의 사례비와 건축비를 내는 책임이 영주에게 있었습니다. 그러나 교인들에게는 결정권이 없었습니다. 그들이 낸 헌금을 어디서 어떻게 쓰는지 몰랐고 결정할 수도 없었습니다. 일반 교회에서도 사제에게 권리가 다 있었습니다. 500년 전의 천주교회와 오늘날 한국 개신교회가 매우 비슷한 듯합니다.

독일식으로 표현하자면 교회와 돈은 뜨거운 감자와 같습니다. 손이 데일 수도 있고 위험합니다. 아주 까다로운 문제입니다. 교회의 크기와 재정의 양적 현황에 대하여 지나친 관심이 있는 목사들이 많습니다. 1999년 한국교회에 영향력이 아주 많은 목사를 만나서 대화했는데 그 사람이 전에 목회했던 교회에 대해 이야기했습니다. 그 교회를 제가 알고 있었습니다. "그런 큰 교회에서 목회하셨네요" 하고 말씀드렸더니 맞다고 대답하면서 10억이라고 말했습니다. 그때 깜짝 놀랐습니다. 10억이라는 말은 교인수가 아닙니다. 재정입니다. 그 목사님은 교회를 생각할 때 교인을 먼저 생각하지 않고 재정을 생각했습니다. 거의 매니저 같은 인상을 받았습니다. 목사인가 사업가인가 의구심이 생겼습니다.

최근 감리교회가 세습방지법을 총회에서 통과시켰는데, 물론 잘한 결정이지요. 그러나 시간이 흐르면서 변질될 가능성도 있고 편법도 얼마든지 있기 때문에 안심할 수 없습니다. 무엇보다도 통과된 법 정신을 철저히 지키는 것이 중요합니다.

4_ 한국교회의 슬픈 자화상

사람보다 재정을 먼저 생각하면 바람직하지 않습니다. 교회를 성직으로 보는 루터 시대 천주교회와 비슷하다고 생각합니다. 제가 다양한 예배를 경험하기 위해 여러 교회를 찾아다니는데 교회 입구에서 환영하는 사람들이 있습니다. "환영합니다. 반갑습니다" 하고 인사하면 기분이 좋습니다. "와 주셔서 감사합니다"라고 인사하는 경우가 있습니다. 왜 그런 말을 하는가 생각해 봤을 때 두 가지 의심이 들었습니다. 예배 때 참여하는 사람이 많을 때 분위기가 좋아서 그렇게 말할 수도 있습니다. 반면 교인을 생각하지 않고 예배 참여하는 사람마다 헌금하는 사람이 늘어서 감사하다고 하는 것이 아닌가 싶습니다.

이게 사실은 독일 표현과 동일합니다. 예배 참여자라는 표현을 쓰지 않고 '예배 방문객'(Gottesdienstbesucher)이라고 표현합니다. 독일교회가 국가교회였을 때 목사가 교인들을 위해 예배를 준비했습니다. 교인들이 예배 주체라는 생각을 하지 못했습니다. 완전히 잘못된 신학사상입니다. 제가 독일교회에서 발표할 때 한국교회에서 배운 것을 꼽으면서 항상 그 표현을 씁니다. 독일 교인들은 방문객처럼 예배를 구경만 합니다. 수동적으로 참여하는 사람이 많습니다. 그런데 한국에서는 방문객이 없고 예배 참여자밖에 없습니다. 독일에서 찬양할 때는 찬양시간이기 때문에 관습대로 찬양을 합니다. 기도할 때도 기도시간이기 때문에 기도합니다. 이렇게 예배를 거의 구경하듯이 참여하는 것이 역력히 드러납니다. 그런데 한국교회는 적극적으로 예배에 참여합니다. 찬양할 때 찬양시간이니까 해야 한다고 생각하지 않고 마음껏 하나님께 영광 돌릴 수 있는 기회라고 여깁니다. 귀한 시간이니 마음껏 찬양하고 기도할 때도 지금이 기회다 생각하고 억지로 하지 않습니다. 원래 한국 개신교회의 예배가 모범적입니다. 그런데 와 주셔서 감사하다는 말은 잘못된 것이지요.

물론 교회마다 다르지만, 예배 중 헌금 시간이 제일 중요한 순서라는 느낌이 드는 교회가 있습니다. 예를 들어 기도할 때는 일어서지 않다가 헌금할 때 일어섭니다. 심지어 헌금 낼 때 무릎을 꿇기도 합니다. 목사가 헌금함 앞에서 무릎을 꿇는 모습은 좀 의심스럽습니다. 돈이 최고의 신이 아닌가 하는 생각에서지요. 개신교에서는 예배시간에 무릎을 꿇는 일이 거의 없습니다. 몇 교회에서 성찬 배분할 때 정도입니다. 루터는 우리가 자유인이니까 서서 하자고 했습니다. 무릎을 꿇는다는 의미는 최고의 것이라 인정하는 행위잖습니까? 하나님이 아니라 돈을 참된 신으로 여기는 것 아닌가 의심스럽습니다. 우리가 말하는 하나님은 돈을 주기 위하여 사용하는 존재가 아닌가, 우리 하나님은 돈이라는 신의 하인 신이 되는 느낌이 여러 차례 들었습니다. 물론 모든 교회가 아니라 소수의 교회의 모습입니다.

하나님은 돈이 필요 없습니다. 우리가 헌금을 내는 것은 하나님께 드린다기보다는 하나님 나라를 위해 드리는 것입니다. 교회가 하나님 나라를 위해 활동할 수 있도록 드리는 돈입니다. 하나님 나라를 선포하고 실천하기 위해 교회와 목회자와 단체가 필요로 하는 돈입니다. 거기서 무릎을 꿇을 필요가 없습니다.

제가 또 의심하는 이유는 헌금을 드린 다음에 목회기도가 있잖습니까? 한국교회 목회자들은 헌금을 내자마자 헌금 낸 사람을 위해 축복을 빌기 때문에 종교적 비즈니스가 될 가능성이 높습니다. 사실 헌금 낸 다음에 교회의 기도를 하는 것이 교회의 전통인데 교회의 기도는 목회기도와 다릅니다. 교회의 기도는 교회 공동체가 세상을 위하여 기도하는 시간입니다. 기도해야 할 주제, 분야, 제목들이 많이 있습니다. 정부, 사회 지도자, 교육자, 교회, 어려운 사람 등. 대부분은 침묵으로 각자 개인 중보기도를 하고 주기도로 교회의 기도를 마칩니다. 침묵기도 대신에 통성기도도 가능합니다. 그런 교회기도가 한국 개신교회에는 없습니다. 저는 예배 때 목회자가 헌금을 낸 개인을 위해 기도하는 것이 위험하다고 판단했습니다.

만약 기도를 해 줘야 헌금을 하고 헌금이 많아진다면 헌금 내는 사람들이 잘못된 태도를 가지고 있는 것입니다. 소원을 이루기 위한 헌금일 뿐입니다. 개신교회의 헌금은 감사헌금입니다. 나의 복을 위한 헌금을 내면 개신교답지 않습니다. 그런 방법으로 성장한다면 교회답지 않습니다. 이렇게 하면 교회가 이기주의를 심는 일입니다. 집단 이기주의, 가족 이기주의, 개인 이기주의를 강조하는 일면입니다. 교회가 아니라 종교사업이 됩니다. 만약 성장을 못하기 때문에 이렇게 해야 한다고 생각하면 교회를 원하는지 종교 비즈니스가 중심된 이익집단을 원하는지 고민할 필요가 있습니다.

한국 개신교회가 돈을 너무 좋아하지 않나 싶습니다. 물론 교회는 돈을 필요로 합니다. 돈 없이 교회가 살 수 없습니다. 그런데 이건 아주 예민한 문제입니다. 교회가 부유하면 안 됩니다. 저희 고향인 뮌헨시는 천주교가 강한데 2016년에 그 교구가 재산을 교인들에게 공개했습니다. 온 세계가 깜짝 놀랐습니다. 왜냐하면 뮌헨 프라이징교구만 8조원이라는 재산을 소유하고 있기 때문입니다. 그 교회가 부자교회라 말할 수밖에 없습니다. 전 세계에서 가장 부자 교구일 수도 있습니다. 뉴욕교구가 공식적으로 밝힌 재산도 이것보다는 적습니다. 교회가 부요하면 모범적이지 않습니다. 물론 교회에도 돈이 필요하고, 한국 개신교회는 돈이 부족해서 어려움에 빠진 개 교회가 더 많습니다. 그 돈 자체를 비판하는 게 아니라 교회가 부요한 것 자체를 비판하는 겁니다. 부요하면 더욱 더 나눠줘야 합니다.

5_ 자본주의와 너무나 친한 한국교회

한국 개신교회가 자본주의와 너무 가깝다는 느낌이 듭니다. 조심했으면 좋겠습니다. 기독교언론들도 재정을 선호해서 이 문제를 더 심각하게 만들고 있습니다. 방송설교를 하려면 돈을 내야 하니까 대부분 대형교회 목사들이 설교를 합니다. 작은 교회 목회자나 작은 단체들은 수백 만 원을 내면서 설교나 광고를 할 수 없습니다. 모든 한국 목사들은 재정적인 여유를 갈망합니다. 그래서 재정을 많이 만들어내려고 합니다. 저는 언론에서 방송 권리 결정 시스템을 개혁할 것을 제안합니다. 교단들이 함께 그 돈을 내고 방송국들과 협력하여 설교자들을 결정하는 위원회를 만들어서 위원회가 좋은 설교자를 선택해 주면 훨씬 좋을 것 같습니다. 대형교회 목사들은 대형교회 목사답게 설교합니다. 기복사상이 많이 나타납니다. 고민할 필요가 있습니다. 별로 좋지 않은 설교자들 때문에 방송을 외면합니다.

이 시점에서 이 시대의 교회가 어떤 태도를 가져야 하는지 생각해야 합니다. 막스 베버와 루터를 내비하면서 성리해 보겠습니다.

막스 베버(Max Weber)는 개신교회 전체가 현대 자본주의에 영향을 주었다고 주장하지 않습니다. 오히려 루터의 신학사상이 자본주의에 대해 아주 비판적입니다. 제가 볼 때는 맞습니다. 나눔, 이자 금지, 부자의 책임 등을 루터가 많이 강조했습니다. 베버는 칼뱅의 이중예정론이 자본주의에 영향을 주었다고 주장합니다. 이것도 칼뱅의 직접적 영향인지 더 알아봐야 하는 문제지만, 이중예정론을 볼 때 하나님이 창조 전에 이미 결정하셨다는 내용입니다. 누가 천국에 갈지 지옥에 갈지에 대한 결정으로 인간이 할 수 있는 일은 하나도 없다는 주장입니다. 인간이 구원을 위해 할 수 있는 일이 하나도 없습니다. 그래서 사람들은 염려하게 되었습니다. 막스 베버의 주장은 칼뱅에 의하면 기독교인이 사는 동안에 벌써 구원을 받을지 못 받을지 나타난다는 것입니다. 이웃의 인정을 받고 모범적으로 선한 삶을 산다면 예정된 사람으로 볼 수 있다는 주장입니다. 그래서 칼뱅의 영향을 받은 개혁교회와 장로교회 교인들은 최선을 다해 착하게 살려고 노력합니다. 착하게 살지 않으면 지옥에 갈지도 모르기 때문입니다.

막스 베버

베버가 주장하기를 장로교인들이 열심히 일했고, 착하게 살았기 때문에 월급은 많고 쓸 데가 별로 없었습니다. 술집에 안 가고 도박도 안 하고 절약해서 사니 돈이 쌓이기 시작합니다. 돈이 쌓이면 은행에 맡깁니다. 그러면 이자를 받고 결국 자본이 생기는 겁니다. 칼뱅의 사상이 이와 같이 자본주의에 기여했다는 주장입니다. 그러나 이 주장은 개신교 전체의 주장이 아닙니다. 루터교인들은 자본주의에 대해서 비판적인 사람들이 많습니다.

루터가 제안했던 것 중에서 헌금함도 포함되고 사회복지도 생겼습니다. 루터는 거지들이 길가에서 돈을 요구하면 안 된다고 했습니다. 모두가 형제자매이기 때문에 여유 있는 기독교인들은 가난한 이들에게 다 나눠줘야 한다고 했습니다. 우리가 모범적으로 살아서 가난한 자들이 없도록 하자는 주장이었습니다. 헌금함에 모인 돈으로 사회복지를 했습니다. 독일 개신교는 자본주의를 지나치게 좋아하지도 않고 공산주의도 좋아하지 않습니다. 사실 루터는 처음에는 농민들을 지원했는데 그들이 폭력으로 혁명을 하려고 농민전쟁을 시작하자마자 반대했고, 열광주의자들의 강제로 뮌스터 시에서 하나님의 왕국을 세우려고 하는 시도도 반대했습니다. 루터가 제안한 사회복지 시스템은 제3의 길을 선택했던 경제제도의 원인이 되었습니다. 순수한 자본주의도, 순수한 공산주의도 아닌 제3의 사회복지 개념을 선택했습니다. 디아코니아를 국가 차원에서, 부자들이 가난한 사람들과 나누어야 하는 제도를 만들었던 것입니다. 사회복지는 부자들에게 돈을 요구하고 부족한 사람에게 나눠주는 일입니다. 그래도 소외되는 사람들은 교회가 책임집니다.

그런데 지금 국제화 때문에 국가가 회사들에게 세금을 많이 요구하지 못하므로 제3의 길을 선택하려면 온 세계의 국가들이 협력해야 가능합니다. 한국의 경우 신자유주의를 통해 경제자유구역을 만들어서 세금을 요구하지 않고 있습니다. 이것은 루터가 원했던 시스템에 반대되는 것이며, 자유자본주의를 찬성하는 시스템이라 하겠습니다. 비기독교적 시스템입니다. 만약에 베버의 주장이 맞는다면 장로교와 개혁교회가 자본주의와 너무 가까운 것입니다. 한국교회는 장로교회가 강하기 때문에 그런 배경이 있을 수 있습니다. 그러나 한국 상황은 다른 이유와 이면도 있습니다. 한국사회에서는 60년대 산업화로 인해 대도시화되었고 도시교회가 대형교회로 변했습니다. 그래서 대형교회 목사들은 산업화, 국가, 정부를 좋아하고 보수적이었습니다. 그 목사들은 자본주의를 대찬성했습니다. 대형교회 목사들은 자본주의와 너무 가깝다고 봅니다. 그런데 시골교회 목사들은 자본주의를 왜 좋아할까요? 그들은 손해만 봤는데 말입니다. 너무 빨리 성장한 교회들만의 문제가 아니라 자본을 지나치게 좋아했던 대형교회 목사들이 기복사상을 만들었기 때문에 거의 온 한국 개신교회의 문제가 되었습니다. 기복사상은 대형교회의 신학사상이기도 합니다. 제가 볼 때는 대형교회의 문제입니다. 게다가 그런 설교를 언론에서 계속할 수 있습니다. 기자들은 개혁을 원해도 방송사를 운영하려다 보니까 어쩔 수 없이 그 시스템을 따를 수밖에 없습니다. 앞에서도 말했지만 교단들이 연합하여 다른 시스템을 만들어야 극복이 가능한 일입니다.

또 하나의 증명이 있습니다. 한국 개신교회에서 많은 목사들이 헌금 낸 사람들의 이름을 기록합니다. 심각한 경우에는 액수까지 기록

해서 공개합니다. 이렇게 하는 것은 비성서적입니다. 신약성서에서 하지 말라는 것입니다. 헌금할 때 오른손이 하는 일을 왼손이 모르게 하라고 가르치셨는데, 봉투에 다 이름을 씁니다. 그것부터 잘못이고 목사들이 이름을 알려주는 건 더 그렇습니다. 세금 혜택을 위해 어쩔 수 없이 이름을 쓰더라도 불러주는 건 비성서적인 일입니다. 이것은 재정 때문에 선택하는 것일 수 있다는 가치관이 드러납니다. 하나님의 기쁜 소식을 전파하고 사람들이 은혜와 감동을 받고 새롭게 살겠다는 결정을 하고 거듭나고 삭개오처럼 나누는 마음이 생긴다면 훨씬 좋을 텐데 그걸 선택하지 않습니다. 물론 가끔은 목사들이 헌금 얘기를 해야 합니다. 사람의 마음속에는 돈 욕심이 있기 때문에 극복할 수 있도록 가르쳐야 합니다. 많이 나누도록 해야 합니다. 그때 목사들은 헌금 많이 내라고 할 것이 아니라 그 가치와 귀함을 말해야 합니다. 부자에게 돈을 나누라고 설교해야 합니다. 목사의 책임입니다. 그런데 이름을 공개하는 방법은 잘못된 방법입니다.

제가 목회했던 교회에서 일반적인 헌금뿐 아니라 여유가 있을 때마다 큰 기증을 했던 경험이 많았습니다. 제대로 설명하고 가르치면 가능합니다. 제대로 선포해야 합니다. 지금의 문제는 양적 성장주의에 빠진 것입니다. 나눔은 믿는 행위를 어렵게 만드는 일이라서 기준을 낮추면 편하게 믿을 수 있으니까 교인수가 많아집니다. 그렇게 되면 무늬만 기독교인들이지 거듭난 기독교인들이 아닙니다. 목사가 기쁜 소식을 제대로 선포하면 교인들이 많지 않아도 돈은 더 많이 헌금할 수 있습니다.

6_ 급변하는 한국사회 속의 교회

현재 한국은 정치적으로 아주 중요한 시기입니다. 그런데 경제적으로는 변화가 그렇게 많지 않을 것 같은 생각도 듭니다. 경제적으론 위기인데 통계적으로는 저성장 국면입니다. 왜 위기라고 하는지 이해가 안 됩니다. 경제 상황은 그렇게 나쁘지 않은데 문제는 돈이 어디로 가는지에 있습니다. 줄지 않고 성장하고 있습니다. 분배의 문제가 중요합니다. 부익부 빈익빈은 온 세계의 상황인데, 이것은 바로 수정되지 않은 신자유주의의 상황입니다.

신자유주의 개념은 법적으로 세금양을 줄이려고 하는 목적이 있습니다. 그 차이가 계속 심각해지고 있습니다. 우리는 국제화로 인한 신자유주의의 나쁜 결과를 극복해야 합니다. 우리가 국제화를 막으려고 하면 헛된 것입니다. 국제화를 막을 수는 없으므로, 국제화의 결과를 대비하고 사전에 예비적 차원에서 고쳐나가야 합니다.

국제적인 정부간의 협력이 필요합니다. 세계적으로 활동하는 글로벌 회사들에게 세금을 요구해야 하는데 국제적으로 협력해야 글로벌 회사들이 피할 곳이 없어지는 것입니다. 세계적인 회사 구글은 아일랜드에 유럽 본부를 설립했습니다. 아일랜드 정부는 합당한 세금 부담을 요구하지 않습니다. 기업이 떠날 경우, 국민들의 일자리가 없어질까 염려해서입니다. 유럽연합이 아무리 세금 부과를 요구해도 아일랜드 정부가 반대합니다. 이런 경우 구글이 내야 하는 세금은 내지 않고 주주들만 이익을 보게 됩니다. 국가가 가난한 사람들에게 혜택을 주지 못하고 오히려 부자들만 혜택을 받게 됩니다. 모든 국가들이 비슷한 세금을 요구해야 회사들의 피난처가 없어지게 됩니다. 조세 피난처가 없어져야 세금을 제대로 요구할 수 있습니다. 그래야 부자와 가난한 사람들의 경제적 격차를 줄일 수 있습니다.

그런데 실업문제로 인해 정부가 기업들의 하인이 됐습니다. 면세구역을 계속 만들고 있습니다. 부정이 더 심각합니다. 지금 경제가 최고의 자리에 올라가 있는데 정치가 그 위에 올라가야 합니다. 정의가 최상위에 있어야 합니다. 저는 경제적 측면에서 볼 때 세계화를 반대하지 말고 세계화에 세례를 주자고 주장합니다. 세계적인 차원에서는 정의의 정치제도가 필요합니다. 바로 세금제도입니다. 세금제도를 바로 세우는 정부들이 점차 많아지고 있습니다. 이것도 중요하지만 모든 나라에서 경제자유구역을 없애고 어디든지 비슷한 수준의 세금을 내도록 하는 정책을 만들어야 합니다.

세계화 신자유주의 제도를 더 정의로운 제도로 발전시키는 일이 무척 중요합니다. 교회가 신자유주의에 제동을 거는 존재가 되어야 합니다.

7 윗물이 맑아야 아랫물도 맑은 법

기독교인의 사상으로는 모든 사람이 죄인입니다. 우리는 죄를 극복할 수 없습니다. 그래서 의인이며 죄인입니다. 아무리 노력해도 죄를 완전히 벗어날 수 없습니다. 기독교인들은 용서를 받지만 죄인임을 극복할 수 없습니다. 기독교인이라는 것은 이미 된 것(Being)이 아니라 되고 있는 중(Becoming)이라는 것입니다. 종말론적인 과정 중에 과거를 좇지 않고 미래를 향해 나아가려고 하는 것이 기독교인의 특징입니다. 우리에게는 옛 아담인 과거를 뒤로하고 앞으로 나아가며 참된 인간, 기독교인이 되려고 하는 마음이 있습니다. 그 과정 중에서 기독교인들이 모두 다 모범이 되기를 원합니다. 특별히 목사들이 모범이 되려고 노력해야 합니다. 그런데 쉽지 않습니다. 그건 16세기도 마찬가지였습니다.

사제에 대해 심각하게 비판한 루터의 말을 인용해 보면, "교황의 변덕과 거짓을 통해 로마 시가 말할 수 없을 만큼 나쁜 영향을 받는다. 적그리스도도 이보다 더 모독적으로 지배하지 못할 만큼 장사와 무역과 소동과 거짓과 속임과 강탈과 도둑질과 호화와 간음과 소년을 대상으로 하는 남색과 하나님을 멸시하는 다양한 것들로 가득 찼다"고 탄식했습니다. 그러나 오늘날 착하고 모범적인 목사들이 참 많아서 놀랄 정도입니다. 반면에 선하지 않은 목사들도 참 많습니다. 성적 추행에서부터 간음과 사기와 탈세와 횡령까지 하는 목사들의 기사를 신문에서 쉽게 찾을 수 있습니다. 심각합니다. 제가 보기에는 중소교회 목회자들의 대다수가 아주 올바르게 사는데 권위와 권력이 높은 목사들에게 시험이 더 많습니다. 그래서 시험에 빠지는 목회자들이 많습니다. 추문 보도가 잦은 이유는 도덕적으로 한국교회가 개혁을 필요로 한다는 의미입니다.

신앙과 유혹에 대한 주제를 배경으로 그린 미켈란젤로의 〈에덴동산〉

목사의 마음이 중요합니다. 예를 들어서 간음의 유혹에 빠지지 않기위해 그럴 수 있는 자리를 피하려고 노력하는 것만으로 충분하지 않습니다. 왜냐하면 유혹은 분명히 옵니다. 유혹이 없는 목사는 없습니다. 목사가 관심과 이해와 사랑하는 모습을 보여주기 때문에 목사에 대해 관심이 생기는 여성들은 분명히 있습니다. 목사가 그 유혹을 피할 수 없습니다. 중요한 것은 마음입니다. 마음속에 간음의 유혹에 빠지지 않겠다는 굳은 결심이 없다면 빠지는 겁니다. 마음의 결정이 정말 중요합니다. 간음뿐 아니라 돈, 비리, 권력 모두가 약한 사람을 유혹하는 수단입니다. 그러므로 자기 권력, 파워, 가능성을 악용하지 않도록 마음을 먹어야 합니다. 저도 간음 유혹이 여러 차례 있었습니다. 상담할 때 여성에게 유혹을 받은 적이 있습니다. 그런데 저는 결혼하기 전에 아예 절대적인 결정을 했습니다. 간음하지 않겠다고 나 자신과 약속했습니다. 그래서 빠지지 않습니다. 목사들이 그렇게 해야 합니다.

8 툭하면 고소, 복수는 비극

한국 개신교회에서 서로를 고소하는 문제는 절대 안 됩니다. 교회 안의 갈등을 세상 법정에서 해결 받으려는 것은 기본적으로 잘못되었습니다. 감리교 법에 따르면 문제가 생기면 교회 재판위원회에서 먼저 다루게 되어 있습니다. 그런데 그렇게 하지 않고 직접 법원에 가서 청합니다. 이처럼 일반 법정으로 사안을 가져가기 시작했기 때문에 복수가 계속됩니다. 감리교 목사들은 한국 법제도가 아주 취약하다는 걸 깨닫게 됐습니다. 고소하는 사람은 위험이 하나도 없습니다. 설령 재판 결과 패해도 괜찮습니다. 돈만 있으면 문제가 없습니다. 그런데 고소당한 사람은 면직까지 당할 수 있습니다. 제 아내도 당했지만 다행히 이겼습니다. 고소했던 악한 사람들은 아님 말고 하는 태도입니다. 학교에서도 징계위원회에 회부하지 않았습니다. 허술한 법체계를 깨닫게 된 감리교 목사들이 너무 많아서 기술적으로 즐깁니다. 여기서 화해하기란 무척 어렵습니다. 왜냐하면 고소하는 행위가 너무도 큰 죄이기 때문입니다. 제 아내도 수년 동안 고생했습니다. 어떻게 용서할 수 있겠습니까? 그 악함이 보통이 아닙니다. 제 아내는 용서했지만 저는 용서 못했습니다. 저한테 엄청난 거짓말을 반복했기 때문입니다.

이것은 극복하기가 거의 불가능할 정도로 큰 문제입니다. 인간이 할 수 있는 일을 다 하면 망합니다. 미국 영화 "터미네이터2"의 메시지이고, 창세기부터의 메시지입니다. 기독교인은 복수하지 않고 억울할 때도 잘못을 받아주고 악한 것을 좋은 것으로 극복하는 사람들입니다. 고소는 비기독교적인 행동이기 때문에 막아야 합니다. 감리교뿐만 아니라 우리 교단도 그렇습니다. 고소하면 돈만 듭니다. 그런데 지도자들은 자기 교회, 자기 학교의 돈을 쓸 수 있습니다. 그러니 무분별하게 고소합니다. 교회법에 따라 하지 않는 사람은 파문해야 합니다. 면직뿐만 아니라 파문해야 합니다. 먼저 교회법에 따라 징계위원회를 비롯한 교회의 결정을 따른 후 세상 법으로 심판해야 합니다. 개혁의 필요성이 분명히 나타나는 큰 문제들입니다.

9_ 유교가 한국교회에 미친 역기능

제가 볼 때 유럽 사람들은 미국 사람들보다는 평등하지 않습니다. 왜냐하면 미국보다는 유럽이 위계질서적인 면이 강하기 때문인데 한국에서는 아주 심각합니다. 우리가 좀 한국문화와 가깝지만 한국문화는 지나치게 위계질서적입니다. 사실 위계질서적인 문제는 고대시대부터 있었던 전통입니다. 한국에서도 유교문화에서 나오는 결과입니다. 고대시대에는 교회도 그런 위계질서로 돌아갔습니다. 예수는 위계질서를 극복하려고 하셨는데 초기교회를 보면 위계질서가 심각하지 않았습니다. 그런데 고대에 들어가면 남성적이고 위계적인 감독제도가 생겼습니다. 예수는 최고의 사랑으로 제자들을 섬겼고 세족식도 하셨는데 우리는 그리하지 못합니다.

이건 문화와 복음의 충돌 문제인 것 같습니다. 일반적으로 생각하면 위계질서가 자연적인 것이고, 동물의 약육강식은 자연스러운 세계입니다. 그러나 예수는 오히려 성인들은 어린이처럼 되지 못한다면 천국에 못 간다고 위계질서를 완전히 거꾸로 바꾸셨습니다. 우리 모두 형제자매이잖습니까? 그런데 교회가 문화의 영향으로 위계질서에 빠졌고 계속 강화되었습니다. 루터가 그 엄격한 중세의 위계질서를 공격하기 시작했습니다. 그렇지만 귀담아 듣기보다는 굴복하라고 교회가 요구했습니다. 굴복하고 싶지 않았기 때문에 위계질서에 도전하게 된 것입니다. 최고의 권위가 성서에 있음을 믿었기 때문이지요.

루터가 위계질서 대신에 만인사제직을 말했습니다. 중세교회에서는 성서해석이 어렵기 때문에 성서해석의 권한이 주교에게 종속되어 있었습니다. 루터의 만인사제직에 두 가지 문제가 생겼습니다. 첫째, 읽는 것입니다. 모두가 읽을 수 있어야 자기 역할을 할 수 있습니다. 그래서 루터가 학교 설립을 제안했습니다. 그리고 사람들이 스스로 성경을 읽을 수 있도록 성경을 번역했습니다. 둘째, 성서해석의 문제입니다. 일반사람들도 성경을 올바르게 이해할 수 있기 위하여 루터가 해석법을 개발했습니다. 여러 해석학적 열쇠를 말했습니다. 1) 예수 그리스도를 성경의 핵심으로 설명했습니다. 2) 그다음에 칭의론도 성서해석의 방법으로 세웠습니다. 그리고 3) 솔라(sola)들이었습니다. 첫 번째 솔라는 오직 성서만이란 외침이었습니다. 성서의 중심을 제대로 알아야 한다는 뜻이었습니다. 두 번째 솔라는 은혜

분노에 가득 찬 루터. 새로운 결심을 하는 듯하다. 화가이자 루터대 직원인 한선 집사의 판화다.(2017)

만이란 표어였습니다. 이것도 칭의론을 의미합니다. 마지막으로 믿음만을 강조했습니다. 선행을 통하여 구원 받는 게 아니라 믿음만으로 구원받는 것입니다. 이것 또한 은혜입니다. 이 해석학적 규칙에 따르면 모두 다 성서를 쉽게 이해할 수 있게 되었습니다. 그래서 종교개혁에서는 사람들이 성서를 읽음으로 위계질서가 사라지고 만인사제직이 가능해졌습니다. 학교를 많이 세웠고 성경을 번역했습니다. 독일어 성경을 비싸지 않은 값으로 보급하고 루터의 해석법을 바탕으로 다 이해할 수 있게 되었습니다.

위계질서를 여러 가지 다른 설명으로도 공격했습니다. 루터에 의하면 평신도가 없습니다. 만인사제직에 의해 모두 성서전문가입니다. 루터에 의하면 원죄 개념도 달라집니다. 천주교회의 가르침을 통하여 예수의 사망은 원죄를 없앴지만 매일 행위를 통해 짓는 죄는 용서되지 않습니다. 매일 짓는 죄의 용서를 위하여 성례전이 필요합니다. 그래서 성찬식을 하는 사제가 매일매일의 죄를 없애기 위해 중보하기 위해 필요한 제사장입니다. 그런데 개신교회에서는 십자가를 통해 모든 죄가 용서되었다고 하기 때문에 중보하는 사제가 필요하지 않습니다. 희생제물을 드리는 사람도 더 이상 필요하지 않기 때문에 사제직이 없어지고 모두가 하나님께 직접 기도할 수 있는 사제입니다. 루터는 교회 공동체를 주체로 봤습니다. 교회 공동체가 예배로 모인다고 봤습니다. 예배 인도자가 있어도 그는 회중을 대표하는 것이었습니다.

종교개혁적 목사직을 제대로 이해하려면 루터의 목사 제도를 보아야 합니다. 루터는 원래 서구교회의 개혁을 원했지만 개신교회가 생기는 것을 피할 수 없다는 것을 알게 되었습니다. 1530년 아우크스부르크 신앙고백서는 아주 부드러운 내용을 담고 있었음에도 천주교회는 그것을 받아들이지 않았습니다. 그때부터 종교개혁자들이 교회의 일치 소망을 포기했습니다. 새로운 교회를 구성하기 시작할 때 실질적인 조직화를 해야 하니까 목회자 개념을 만들었습니다. 루터를 따라갔던 주교가 독일 경우에 한 명도 없었지만 종교개혁에 가입한 사제들이 많았습니다. 신부들이 목회자가 되었습니다. 올바른 교회로 돌아가고 싶어 했기 때문에 중세가 잘못되었으니 고대로 돌아가자고 했습니다. 초기 교회까지 돌아가자고 했습니다.

초기교회를 보면 감독은 개 교회의 지도자 역할을 했습니다. 그래서 목사를 개 교회의 감독으로 구성했습니다. 그런데 다른 문제가 생겼습니다. 지역 감독이 필요했습니다. 안수도 해야 했습니다. 종교개혁을 따라하는 사람들이 계속해서 많아지므로 목사가 된 신부들의 수가 충분하지 않았습니다. 그래서 개신교회가 새 목사 훈련을 시작했습니다. 개신교회에 주교가 없었고 목사직을 주교직으로 이해했기 때문에 루터가 직접 안수를 담당했습니다. 처음에는 주교가 없었지만 점차로 주교가 필요하게 되었습니다. 그래서 처음에는 디아콘(deacon)과 목사 안수를 했고 나중에는 주교 안수도 했습니다.

루터를 따라간 신부들은 천주교 전통만 알았기 때문에 개신교 목회자로서 어떻게 목회해야 할지 잘 몰랐습니다. 직접 루터에게 가서 물어볼 수는 없으니 편지를 보내와서 루터는 매일 새벽에 일어나서 편지를 썼습니다. 그 편지를 통해 목회에 대해 조언을 했습니다. 개개인에게 편지하다 보니 시간이 많이 소비되어 본인이 견딜 수 없는 시스템이라 고민하던 중에 모범설교를 출판해서 판매하였습니다. 대교리 소교리 문답서와 같은 내용도 출판하여 도움을 주었고, 감독순회 여행을 시작했습니다. 개 교회를 방문하여 교인들의 입장을 듣고 화해시키고 가르치고 조언하고 목회자와 교인들에게 도움을 주었습니다. 순회하는 그 역할이 바로 감독의 역할이었습니다. 부득이하게 감독제를 만들 수밖에 없었습니다. 지역감독과 총감독을 세웠습니다. 루터는 이 방식을 위계질서라기보다 활동영역의 확대로 이해했지만 이런 방식으로 나중에 위계질서가 생겨나게 됐습니다.

En Liden
Catechismus/
eller Christelig Lærdom/
gantske nyttelig for vnge Folck oc
Børn.
D. Mart. Luth.
Kiøbenhaffn:
1601.

마틴 루터의 『소교리문답서』

10 독일교회에서 목사는 교인 중의 한 사람

독일 종교개혁에 의하면 교회의 중심은 교회 공동체 전체입니다. 교회가 목사를 선출하였고, 목사는 특별한 사명을 받은 '교인' 중 한 사람이라고 여깁니다. 그래서 오늘까지 독일 루터교 목사들은 회중 자리에 앉습니다. 특별한 직능을 받은 교인일 뿐입니다. 그래서 루터 교회는 하이처치(High Church)가 아닙니다.

목사안수도 목사를 평생 목사로 만드는 뜻이 아닙니다. 루터 사상으로는 교회 공동체가 한 교인에게 목회를 하기 위한 사명을 부여하는 것입니다. 만약 목회지를 바꾸거나 사임하거나 지역을 이동하여 바꾸면 목사직이 자동 무효화됩니다. 예를 들어 교회를 바꿀 때 다른 개 교회로 초빙을 받을 때에는 새롭게 안수를 받아야 합니다. 그 두 번째 안수는 인스탈레이션(Installation)이라고 합니다. 그런데 천주교회에서는 사제 서품을 받으면 평생 다른 종류의 인간이 된다는 뜻입니다. 루터교회에서는 사명을 받은 개 교회 공동체 안에서 목회를 할 때만 목사입니다. 예를 들어서 예배나 상담이나 교육을 할 때만 목사입니다. 전철 탈 때, 휴가 갈 때는 목사가 아닙니다. 목회하는 자로서만 목사입니다. 밖에 나가서 목사 표 내는 목사들은 루터를 이해하지 못한 겁니다. 그게 교권주의의 시작점입니다.

루터는 목사직 하나만을 말했지만, 칼뱅은 네 개의 직제를 말했습니다. 네 가지 직제는 목사와 장로와 디아콘과 교사입니다. 모두가 평등하게 서로서로 협력하여 교회 공동체에 속하며 그를 섬깁니다. 루터교회에서 처음에 목사만 있었는데 나중에 장로와 교사와 집사도 생긴 것입니다. 목사, 장로, 집사, 교사, 이 직제는 특별한 사명이 있지만 교회 공동체 위에 있다는 권위적인 질서가 아닙니다. 루터교의 감독도 목사이며 목사 위에 있지 않고 활동 범위만 더 넓습니다. 위계질서적인 존재가 아닙니다. 감독은 인간의 권위가 아닌 말씀의 권위만 있습니다. 감독은 말할 권리만 있는데 언제든지 설교할 수 있고, 당회도 언제든지 갈 수 있고, 언권이 항상 있습니다. 주교가 그의 말에 진리가 있는 만큼만 인정을 받습니다. 독일 감독은 능력 있고 남보다 더 높은 교육수준과 인격적 목회적 성숙함으로 인한 자연적 권위있는 사람으로 인정받는 존재입니다.

루터교의 신앙고백서에는 위계질서가 없습니다. 감독이 진리를 말하면 다 따라가지만 엉터리 말을 하면 아무도 따라가지 않습니다. 다른 사람보다 훨씬 깊게 생각하고 멀리 생각하니까 인정받습니다. 독일에서는 보통 사람들은 감독이 될 수 없습니다. 그 수준이 완전히 다릅니다. 능력도 보통이 아닙니다. 그래서 감독들이 인정을 받습니다. 반면에 한국에서는 자질이 부족한 목사들도 감독이 됩니다.

샌프란시스코 교회에서 남녀노소 흑백이 어울려 함께 찬양하는 모습.

독일교회가 한국 개신교회보다 훨씬 평등주의적입니다. 심지어 담임목사 개념도 없습니다. 제가 한번은 큰 교회에서 일했습니다. 세 명의 목사가 있었는데 한 명은 감리사 혹은 노회장(dean), 또 한 명은 저보다 나이가 많고, 제가 막내였습니다. 거기서 교회 전체를 대표하는 첫째 목사(노회장, 감리사)는 결정권이 훨씬 많았지만 일주일에 한 번 목회계획 회의를 했는데 셋이 모두 똑같은 권위를 가지고 발언했습니다. 각자 맡은 영역에서는 각자 최고 책임자가 됩니다. 선후배 개념은 있어도 위계질서는 아예 없습니다. 그리고 설교도 순환하면서 합니다. 준목들도 주요 예배 때 설교를 합니다. 그 예배가 11시 대신에 주로 10시에 있습니다만 개 교회마다 다릅니다. 자주는 안 하지만 두 달마다 합니다. 권위를 다 나눕니다. 명령하지 않고 항상 물어봅니다. 담임목사라는 개념 자체가 없습니다. 다 담임목사입니다. 한국 개신교회는 정말 천주교회 같습니다. 같은 독일 안에서도 천주교회는 권위적인데 한국교회만큼 강하지 않습니다. 사제들끼리는 친구 같고 사랑스럽습니다. 반말하는 사람들도 있습니다. 일반 신부들은 서로 정말 형제입니다.

한국 개신교회는 형제자매가 아니라 전쟁터입니다. 안타깝게도 루터교회에서도 전도사들이 안수식을 최고의 자리에 올라가는 것으로 오해하는 경우가 있습니다. 목사들은 전도사와 준목들을 억압하고 명령하고 심부름을 시킵니다. 안수 받으면 목사가 되니까, 더 이상 올라가는 게 없으니까 최고라고 생각합니다. 그런데 원래는 반대입니다. 해방의 날이 아니라 멍에를 지는 날입니다. 감리교회도 아주 심각합니다. 감독회장, 감독, 감리사, 목사 등 위계질서가 층층시하라 심각합니다. 성공회도 위계질서적이고 한국교회의 모든 교파들이 다 권위적입니다. 이것은 기독교 사상이 아니고 한국문화입니다. 저는 학생에게도 거의 총장과 같은 예의를 갖추고 묻습니다. 아무리 높은 사람이라도 옳지 않다 여기면 저는 직접 직언합니다. 학교에서도 총장에게 직접 직언합니다. 독일도 위계질서가 심각했으나 이것이 변화되기까지 수세기 걸렸습니다. 위계질서는 비그리스도적인 문화의 영향이라고 생각합니다. 분명히 다른 것입니다.

저는 높은 사람을 많이 압니다. 독일에서 유학했던 높은 목사들을 만나면 제가 한국말을 할 때는 항상 높임말을 쓰고 독일말로 하면 반

말을 씁니다. 한국어를 사용할 때는 예의적인 표현으로 존댓말을 사용하는 것입니다. 한국문화에 따라가는 경향이지만 기독교인들은 위계질서에 좀 유연하면 좋겠습니다. 강조하지 않았으면 좋겠습니다. 위계질서 자체가 악한 것은 아닙니다만 진리를 억압하고 사람들을 말 못하게 하는 양태가 교회 안에 있어서는 안 됩니다. 종교개혁자들은 진리를 말해야 한다고 했습니다. 교회 안에서 진리를 말 못하면 개신교회가 아닙니다. 제가 위계질서를 반대하는 건 아니지만 억압의 도구로 사용되는 것을 반대합니다.

독일교회도 세대차이가 있습니다. 나이 많은 사람들은 젊은 사람들을 이해하기 어렵습니다. 저도 경험합니다. 그런데 심각하지는 않습니다. 교회에서도 경험했습니다. 예를 들어 어느 총장이 제 아내에게 이렇게 말했습니다. 아내가 좀 비판적인 이야기를 했더니 "나는 총장이고 네 남편은 일반 교수이니 나한테 그렇게 말하지 말라"고 했습니다. 위계질서적인 모습입니다. 만약 제게 직접 그렇게 말했다고 한다면 저는 루터도 총장이 아닌 일반 교수였고, 예수도 감독 아니셨고 총장도 아니었고 일반적인 사람이었다고 항변했을 겁니다. 그런 외적인 질서가 교회 안에서는 아무것도 아닙니다. 예수가 그렇게 사셨기 때문입니다. 교회 안에서 중요한 것은 진리와 사랑뿐입니다. 한국교회는 마음대로 조종하고 통제하고 싶어서 위계질서를 강조하고 있고, 목사는 자신도 모르게 습성화된 유교를 많이 가르치고 있습니다.

마당 V

진리로 거듭나는 길목에서

1_ 한국교회 예배와 기독교인의 삶

루터가 예배에 대해 여러 차례 글을 썼습니다. 1520년 출판한 책에서 예배에 대한 언급들을 했습니다. 루터가 성례전 상황을 바벨론 포로로 해석했습니다. 교인들은 화체설과 개인 잔을 주지 않은 분급 제한을 바벨론 포로로 이해했습니다. 그리고 율법주의적 예배에 대하여 해석했습니다. 종교개혁 동반자인 멜랑히톤이 나중에 루터의 예배 이해를 간단히 요약하면서 성례전적 예배 차원과 제사적 예배 차원으로 구별했습니다. 예배마다 이 두 가지 차원이 다 있으나 성례전적 차원은 하나님이 사람에게 주시는 것이고, 제사적 차원은 인간이 하나님께 드리는 응답입니다. 루터가 사망하기 2년 전 1544년에 토르가우성 입당예배에서 설교했습니다. 루터는 설교에서 "이 집에서 우리 주님은 거룩한 말씀으로 우리에게 말씀해 주시고, 우리는 기도와 찬양으로 그에게 응답한다"라고 말했습니다.

예배를 말하는 독일어가 있는데 고테스딘스트(Gottesdienst), 직접 번역하면 '하나님의 섬김'이라는 뜻입니다. 여기서 이격의 의미가 두 가지인데, 이격의 의미와 사격의 의미가 있습니다. 이격은 '하나님이

독일 개신교회의 날(kirchentag)은 2년마다 열리면서 세계와의 소통과 기독교인의 삶을 돌아보는 축제이다.

하시는' 섬김이며 사격은 '하나님을' 섬기는 것입니다. 다시 말해서 하나님이 우리에게 섬기시는 것과 우리가 하나님을 섬기는 것 두 가지를 담고 있습니다. 이것이 루터의 예배 이해를 잘 표현하는 용어라 하겠습니다.

영어로는 워십(worship)과 서비스(Service)입니다. 워십은 누구의 가치를 인정함으로써 예배드림을 의미하므로 인간의 행동을 강조합니다. 그렇지만 서비스(Service)는 루터의 예배학적 특징을 잘 드러내는 용어입니다. 워십(worship)과 서비스(Service)를 번역할 때 한국에서는 주로 워십(worship)만 소개했습니다. 즉 인간의 행동만을 표현했던 겁니다. 예배의 '예'와 '배'는 둘 다 인간의 행동만을 묘사하고 표현합니다. 종교개혁자들이 말했던 예배의 특징(하나님의 활동하심)이 잘 드러나지 않습니다. 다시 말하면 하나님의 역사하심은 분명하지만 한국에서 '예배'란 용어는 잘못된 번역입니다. 예배라는 용어는 종교개혁자들이 말했던 의미의 예배를 설명할 수 없는 용어입니다. 더 심각한 표현은 '예배드린다'는 표현입니다. 세 번이나 인간의 행동만 표현합니다. 한국의 예배학 책을 보면 주로 예배의 정의에서 예배를 인간의 행동으로만 해석합니다. 하나님이 2천 년 전에 우리에게 구원을 주셨기 때문에 인간이 하나님께 감사하며 예배한다는 해석만 하는데 이는 비종교개혁적입니다. 종교개혁자들이 말했던 예배의 신학사상을 재발견할 필요가 있습니다.

루터에 의하면 예배의 주체가 두 개입니다. 인간과 하나님인데 하나님이 우선적인 주체입니다. 칼뱅은 예배의 핵심을 하나님께 영광 돌리는 것으로 해석했습니다. 하나님께 영광 돌리는 것은 예배의 핵심으로 이해할 수 있지만 이차적인 표현입니다. 하나님이 먼저 활동하셔야 인간이 영광을 돌릴 수 있습니다.

두 번째로 예배의 주체는 개인이 아니라 공동체, 회중입니다. 독일도 목사 중심의 현상이 나타납니다. 독일교회의 특징은 국가교회시대부터 기인합니다. 한국에서는 목사 중심주의가 유교와 무속에서 기인했다고 하겠습니다. 아주 심하게 말하면 장로교회의 경우 목사가 예배 시작부터 끝까지 항상 가운데 서 있습니다. 장로교 목사들은 아마도 자기가 그 자리를 떠나면 예배가 더 이상 진행될 수 없다고 여기는 듯합니다. 이는 종교개혁사상가들의 예배 이해를 전혀 바르게 이해하지 못한 행위입니다. 목사가 설교나 기도나 봉독을 하지 않을 때도 항상 강단에서 서 있으면 목사를 중심으로 예배가 진행된다는 착각을 불러일으킬 수 있습니다. 중앙에 서서 목회자가 비켜주지 않으면 그런 오해를 받게 됩니다. 루터교는 글로리아(하나님께 영광)라는 찬양을 부를 때도 중앙에서 비켜섭니다.

많은 목사들이 신앙고백을 할 때 마이크를 쓰니까 목회자의 목소리만 크게 들립니다. 이는 문제입니다. 교인들의 신앙고백의 중요성이 간과됩니다. 찬양할 때도 목회자 목소리가 너무 커서는 안 됩니다. 기도할 때, 신앙고백 할 때, 찬양할 때 목회자들은 회중의 일원이기에 목회자의 목소리는 튀지 않게 하고 회중이 예배의 주체가 되도록 해야 합니다.

예배의 우선적 주체는 하나님입니다. 일반적으로 종소리 이후 "묵도로 예배를 시작합시다"라고 표현합니다. 만약 이렇게 예배가 시작된다면 이는 인간의 행동으로 예배가 시작되는 것을 의미합니다. 예배는 인간의 행동으로 시작되어선 안 됩니다. 하나님의 행하심에 반응하는 것이라고 해석한다고 할 때에, 예배는 하나님의 활동이 먼

하나님이 중심인 프랑스 떼제 공동체의 기도 모습

저 시작되는 것입니다. 그런데 한국교회는 예배학적으로 볼 때도 인간의 반응뿐입니다. 하나님의 활동은 없습니다. 인간만 활동하는 모습입니다.

서양에서는 항상 종소리로 시작합니다. 이는 하나님이 사람을 부르시는 것을 상징합니다. 불교도 목어, 범종, 운판 등이 있습니다. 종을 치는 것은 하나님이 사람들을 부르신다는 상징입니다. 오늘날 한국에서는 도시교회가 종탑의 종을 울리는 것이 어렵지만, 예배당 앞에서 또는 예배당 안에서 종을 칠 수 있습니다. 종소리이든 다른 소리이든 하나님의 부르심으로 예배가 시작된다는 것을, 예배의 시작을 상징적으로 보여주어야 합니다.

목사의 첫 말씀도 조금 수정해야 합니다. 묵도함으로써 시작한다고 하지 않고 "하나님이 우리를 구원으로 초청하십니다. 우리가 하나님의 부름을 받아 이곳에 모였습니다. 우리가 하나님을 경험할 수 있도록 묵상하면서 기도합시다" 하고 표현한다면 하나님의 행동하심을 먼저 표현하게 됩니다. 묵도보다는 묵상, 조용한 기도, 침묵기도로 바꾸는 게 좋겠습니다. 한국 개신교의 율법주의적인 얕은 예배 이해가 문제입니다.

예배 역사를 보면 한국에 큰 영향을 주었던 예배형식은 프론티어 예배입니다. 루터는 중세교회의 미사를 바탕으로 예배개혁을 했고, 칼뱅은 중세교회 모국어를 바탕으로 예배개혁을 했습니다. 미국에서는 더욱 단순화되었습니다. 현대 한국교회 예배는 미국식 프론티어 예배의 영향을 받았습니다. 사실 온 삶이 예배가 되어야 하고, 특정한 예배의 시작과 끝이 없다고 할 수 있습니다. 각 개인의 예배와 공동체의 예배는 구별됩니다. 공동예배는 시작과 끝이 있어야 합니다. 시작 또한 예배의 시작이 아니고 예배의 끝도 끝이 아닙니다. 개인이 개인적인 삶을 위하여 복을 받는 것이 아니라 교인들이 나가서 하나님 나라를 확장시키기 위하여 복을 받습니다.

축복과 파송이 연결되는 것으로 축복은 파송을 위한 것입니다. 개인을 위한 것이 아니라, 전도와 하나님 나라 확장을 위한 것입니다. 공동예배가 끝나는 것은 각 개인의 예배가 시작되는 것을 의미합니다. 각자가 나가서 각자의 자리에서 예배다운 삶을 살라는 메시지입니다.

CCM에 대해 예배학자 다수가 부정적입니다. 대부분의 가사가 감성적이고 신학적이지 않습니다. 신학적으로 좋은 복음성가들이 나중에 찬송가에 포함되기도 했습니다. 올바른 신학의 찬송과 문제가 있는 찬송을 구분해야 합니다. 언제 부르는지도 중요합니다. 예배 전 찬양으로 부른다면 괜찮습니다. 잘못된 신학사상을 담고 있는 복음성가가 아주 많습니다. 한국찬송가 중에도 많습니다. 찬송가 출판사업은 지속적인 과제입니다. 계속 보충하고 개선해야 할 과제입니다. 중요한 것은 온 삶이 예배여야 한다는 것입니다. 이것이 너무 쉽게 망각되었습니다. 예배와 삶이 분리되지 않도록 가르쳐야 합니다.

2 영성이라는 '질그릇'

요즘 영성훈련이라는 말이 유행합니다. 영성을 훈련시킬 수 있는지 모르겠습니다. 사도 바울이 고린도후서 4장 7절에서 비유로 영성을 설명할 때 "우리가 이 보배를 질그릇 안에 가졌으니…"라고 했습니다. 영성이라는 말은 질그릇 안에 있는 보배만을 의미하지 않습니다. 그 질그릇 안에 있는 보배는 성령, 복음, 은사, 믿음, 은혜, 구원, 영생 등을 의미합니다. 이는 영성이 아닙니다. 영성은 질그릇과 이와 같은 것들이 연결되는 것을 말합니다. 사람마다 영성이 다릅니다. 모세는 자신감이 없는 영성이 있었습니다. 그러나 하나님을 신뢰하는 영성이 있었습니다. 야곱은 하나님과 싸우는 영성이 있었습니다. 베드로는 항상 신이 나는 영성이 있었지만 실패하는 영성이 있었습니다. 영성은 사람마다 다릅니다. 만약에 영성훈련을 할 수 있다면, 각 교인이 각자의 독특한 영성을 스스로 발견하도록 돕는 훈련이 되어야 합니다.

그런데 한국교회의 영성훈련은 대부분 목사 한 사람이 교인들에게 어떻게 영성을 연습해야 하는지 아니면 진행해야 하는지 가르칩니다. 목사 중심적 영성훈련이라 할 수 있습니다. 즉 목사가 가지고 있거나 원하는 영성을 모두에게 강제로 가르치고 있습니다. 그렇다면 교인들은 자기 안에 숨어 있는 하나님이 주신 특별한 영성을 발견하기가 어렵습니다. 제가 보기엔 성령이 하나이고 은사가 다양하듯 성령은 하나지만 영성은 정말 다양합니다. 사람마다의 질그릇이 다르기에 그 다양성은 교회 공동체의 보배가 됩니다. 모두 똑같은 영성이면 교회는 한쪽으로 치우친 공동체가 됩니다. 영성의 재발견에 관심을 가져야 합니다.

모든 사람은 하나님과의 만남의 경험이 있습니다. 하나님은 믿든지 믿지 않든지 모든 사람을 만나주십니다. 여러 차례 문을 두드리십니다. 그런데 이상하게도 하나님의 흔적들을 발견하거나 기억하기가 쉽지 않습니다. 영성훈련을 한다면 각 사람이 자기 하나님과의 만남의 경험을 발견할 수 있도록 도와주어야 합니다.

저도 어렸을 때부터 하나님을 경험했습니다. 그러나 처음 신학을 하겠다고 결심했을 때 하나님을 만났던 어린 시절의 경험을 전혀 기억하지 못했습니다. 하나님과 무관한 사람이라 생각했습니다. 저는 이성적으로 하나님을 찾기 시작했습니다. 그 이해가 깊어졌을 때 하나님은 내 삶 속에 없었던가 질문하게 되었습니다. 선교사들이 오기 전에 한국에 하나님은 아예 없었는가 하는 한국 신학자들의 질문과 동일합니다. 제 삶을 되돌아 봤을 때 하나님의 흔적들을 발견했습니다. 초월적인 경험을 직접 했지만 그때 인식 못해서 이상한 경험으로 판단하여 잊어버렸습니다. 나중에 하나님을 깊이 믿게 된 후에 그 경험들을 기억하기 시작했습니다. 인간이 두 층 아래에서 떨어지는 물방울 소리를 큰소리로 들을 수는 없습니다. 그런데 저는 어렸을 때 이 소리를 강도가 벽을 치는 소음인 줄 알고 3층에서 1층까지 내려갔습니다. 알고 보니 작은 물방울 소리였습니다. 이것은 환상도 상상도 아닌 초월적인 경험이었습니다. 그냥 열병을 앓고 아팠던 것으로만 기억했었는데 이것은 영적 경험이었습니다.

10대 초반 처음으로 우리 가족이 크로아티아에 갔습니다. 밤에 도착해서 다음 날 아침에 주변을 구경했습니다. 그때도 예지의 경험을 했습니다. 형에게 우리가 앞으로 가면 바위 너머 왼쪽에 눈이 쌓인 나무가 있을 거라고 말했습니다. 여름 기온은 30도를 넘었는데 눈을 얘기했던 겁니다. 실제로 왼쪽에 완전히 하얀 나무가 있었습니다. 하얀 꽃이 핀 나무였습니다. 우리의 세계관은 물질주의적이었기에 그와 같은 경험이 믿어지지 않았습니다. 목사가 된 후에 형에게 그 경험을 다시 물어봤습니다. 인간이 범접할 수 없는 초월적 영역이 있다고 본 겁니다. 형에게 초월적인 세상이 있다는 것을 상기시키면서 그 하얀 나무 이야기를 꺼냈지만 형은 전혀 기억하지 못했습니다. 형은 그런 일이 없었다고 완전히 부인했습니다. 형의 세계관에 맞지 않았기 때문에 아예 망각해 버렸습니다. 모든 사람에게 저와 비슷한 초월에 대한 경험이 있을 것입니다. 우리가 그런 경험을 이해 못하기 때문에 무의식으로 밀어내는 것입니다.

영성이란 그런 하나님의 흔적들을 자기 삶에서 찾아가는 탐구가 되어야 합니다. 영성이 단순한 것이 아닐 것입니다. 각 사람에게 다양한 영성이 있을 것입니다. 한편으로 저는 하나님을 전적으로 신뢰하는 영성이 있습니다. 다른 한편으로는 저의 일생을 되돌아보면 하나님과 힘겨루기를 했습니다. 즉 한편으로는 예수처럼 하나님께 다 맡겼지만, 한편으로는 야곱처럼 하나님과 계속 힘겨루기를 했습니다. 신학적 문제에 있어 예수가 정말 부활하셨는가를 질문하고 토론했습니다. 어느 날 갑자기 제가 지금까지 했던 모든 말들이 예수가 부활한 것을 부정하는 것이 아니라 부활을 증명하는 것으로도 볼 수 있구나 하는 깨달음을 받았습니다 .

사람마다 다른 영성이 있습니다. 영성은 하나님 앞에서의 태도나 하나님이 주시는 종교적 인격 혹은 특징입니다. 난 항상 도전적인 영성을 갖고 있습니다. 산꼭대기에서 느끼는 쾌감보다 올라가는 힘든 과정을 즐기는 편입니다. 나와 싸우고 이웃과 싸우고 하나님과 싸우는 것을 볼 때 제게는 이런 도전적인 영성이 있나 봅니다. 하나님과 싸웠기에 하나님을 발견할 수 있었습니다. 이 싸움의 과정을 통해 하나님에게 쓸 데 있는 사람이 됩니다. 사람마다 그 영성이 다릅니다. 영성의 다양성은 교회 공동체의 아주 중요한 보배입니다. 한국 개신교회 공동체는 항상 목사 중심이기 때문에 한 사람의 영성, 한 사람의 깨달음이 중심이 됩니다. 공동체가 각 사람의 영성을 공유하고 나누어야 훨씬 재미있고 깊이 있게 말씀을 이해하고 하나님을 이해할 수 있습니다. 따라서 영성훈련은 참여교육방법을 요구합니다. 모든 교인들은 자신의 생각과 경험을 다른 이들에게 말할 수 있고 교류할 줄 알아야 합니다. 한국교회 교인들은 영성에 있어 담임목사에게 영향을 많이 받습니다. 자기 자신도 모르게 담임목사를 따라가야 한다는 생각을 합니다.

90년대 기장 총회교육원에서 참여교육을 한 적이 있습니다. 목사들과 전도사들이 수업에 열심히 참여했습니다. 참가자들에게 하나의 정답을 주지 않고 다양한 답이 있을 수 있다는 것을 알게 했습니다. 교육을 마친 후에 모두 귀하고 중요한 경험이었다고 했습니다. 그런데 참여자들의 반응은 부정적이었습니다. 참여교육방법은 한국교회에 부적합한 교육방법이라는 의견을 말해 주었습니다.

만인사제직의 관점에서 볼 때 목사가 설교할 우선적 권한을 부여받기는 했지만, 개인적인 간증이든 성경해석이든 각 교인에게도 책임이 있습니다. 그러나 방향을 바꾸면 즉 자기 안에 있는 것을 발견한다면 자신감도 생기고 적극적으로 참여하는 태도로 변화될 수 있습니다.

또 지금까지 한국 목사들이 많이 가르쳤던 핵심적인 사상은 열심히 하면 복을 받는다는 기복사상입니다. 이러한 영성은 아주 위험합니다. 내가 하나님께 무엇을 드리면 하나님께서 내게 주시는 것이 있다는 발상입니다. 무역관계적 발상이며 하나님을 사용하려는 발상으로 나의 목적을 위하여 하나님께 영향을 주고 그 영향을 통해 내가 원하는 결과를 얻으려고 하는 것입니다. 아우구스티누스는 이것이 잘못된 영성, 성숙하지 못한 영성이라고 해석했습니다. 아우구스티누스는 설교자가 하나님을 사용하려는 태도에서 성도들을 성숙한 자리로 옮겨와야 한다고 말합니다. 이것은 설교의 과제이기도 합니다. 한국교회는 거꾸로 하나님을 사용하라고 가르쳤습니다. 아우구스티누스는 하나님을 그 자체로 사랑하고, 진정 좋아서 경배하는 신앙생활과 태도를 가지라고 가르쳤습니다. 교인들은 그런 영향을 받았기에 자신에 대해 자신이 없고 말하기를 원치 않습니다. 긍정적인 면은 굳이 엉터리를 말하고 싶지 않다는 의미입니다. 각 사람에게 살아있는 믿음을 발견하도록 이끌어 주어야 합니다. 교인들의 참여를 좀 더 적극적으로 준비하면 교회가 변할 수 있습니다. 주입식 교육보다는 참여교육이 더 귀합니다. 교회 안에서 대안적 참여교육이 필요합니다.

철학적으로 표현하면 한국인들의 세계관은 배타주의였으나, 참여교육의 개념은 포괄주의입니다. 참여교육은 코이노니아 사상이고 배타주의는 도그마 사상입니다. 도그마와 코이노니아 사상의 차이를 설명할 필요가 있습니다. 쉽게 말해 지금까지 한국 개신교는 선교단계에 있어서 배타주의가 도움이 되었습니다. 진리를 알기 쉬운 방식으로 설명할 수 있기 때문입니다. 그러나 이제 양적인 성장은 질적인 성장 없이 불가능해졌습니다. 배타주의적인 사상은 사실은 도그마 사상으로 해석할 수 있습니다. 도그마라는 말은 경계선을 의미합니다. 경계선은 진리와 거짓의 구분입니다. 국경선을 중심으로 표현할 때 안

WCC 부산총회에서 사용한 예배용 이콘. 루마니아 정교회가 제작한 것이다. '성령강림 사건'을 주제로 만백성에게 임하는 성령을 나타냈다.(ⓒ 송병구)

과 밖의 사람으로 구분할 수 있습니다. 진리 전체를 다 설명하는 것이 아니라 핵심사상만을 설명한 것이 도그마 사상입니다. 흑백사상이자 안과 밖 사상이지요.

이 사상에 한계가 있습니다. 예를 들어 성서가 말하는 것은 예수 믿지 않았던 사람들도 천국에 있다는 것입니다. 예수를 전혀 몰랐던 아브라함과 엘리아와 모세도 천국에 있다고 합니다. 예수를 전혀 몰랐던 사람들입니다. 그런데 진리와 거짓을 구분하는 일을 완전히 포기해선 안 됩니다. 도그마 사상으로는 내부 사람들은 친구이고 대화하지만, 밖의 사람들에 대해서는 냉담한 태도를 보이면서 관심을 갖는다면 그 또한 선교적 관심입니다. 도그마 안에 있으면 기독교인입니다. 변화가 없습니다. 기독교인들은 다양합니다. '코이노니아' 사상은 에큐메니컬 운동에서 비롯되었습니다. WCC 신앙과직제위원회가 코이노니아 사상을 바탕으로 진리를 경계선으로 해석하지 않고, 중심으로 해석했습니다. 예수 그리스도가 진리이며 핵심이라 했습니다. 그 진리를 포기할 수 없었습니다. 그런데 그 진리와 가까운지, 멀리 있는지가 중요합니다. 가까울수록 좋습니다. 변화를 중요하게 여깁니다. 방향이 중요합니다. 어떻게 그리스도의 진리와 가까워질 수 있을까 하는 것이 중요한 관심입니다. 지금까지 항상 비슷한 사람끼리만 대화했습니다. 독일교인은 독일교인들끼리만, 개신교인들은 개신교인들끼리만, 대형교회는 대형교회끼리만, 천주교인은 천주교인들끼리만, 종교인들은 종교인들끼리만, 이렇게만 모였습니다. 인간은 혼자서 예수 그리스도의 진리가 어디에 있는지 알 수 없습니다.

비슷한 사람들끼리 있다면 자신들의 말이 옳다고 여깁니다. 그래서 변화가 없습니다. 아무리 대화를 많이 해도 소용이 없습니다. 예수와 가까워질 수 없습니다. 오히려 전혀 다른 사람들과의 대화를 해야 합니다. 코이노니아 사상은 다양성이 귀하다는 전제에서 다양한 사람들과의 대화를 중요하게 여기는 사상입니다. 안과 밖 경계가 없으며 진리는 중심에 있습니다. 교회 안에서 한두 사람만 계속 말을 하면 많이 배울 수 있지만, 한계가 있습니다. 예수와 가까워지기 어렵습니다. 다양한 사람들이 말한다면 예수와 더욱 가까워질 수 있습니다. 따라서 우리에게 필요한 사상은 코이노니아 사상입니다. 우리는 에큐메니컬 시대에 살고 있기 때문에 다른 사람과 대화하지 않으면 성숙해질 수 없습니다. 성숙해지지 않으면 교회가 위기에서 벗어나기 어렵습니다. 코이노니아 사상, 에큐메니컬 운동, 참여교육적 방법 등을 같은 맥락에서 말씀드렸습니다. 포스트모더니즘은 100퍼센트 각 사람들 속에 진리가 있기에 '진리들'을 나누어야 하나의 '진리'에 더욱 가까워질 수 있습니다. 결론적으로 교회가 어쩔 수 없이 새로운 세계관, 새로운 신학사상, 새로운 교육방법 등을 배우고 시작해야 합니다.

3 목회자의 새로운 정체성과 모델

개 교회 안에서 목회자가 교인들의 다양성으로 인해 생긴 갈등을 화해시키고 조정함으로 일치를 이루는 역할을 하는 것처럼 감독은 지역 또는 교단 안에서 그런 역할을 해야 합니다. 감독의 우선적인 역할은 일치입니다. 다양성을 일치시키며 서로에게 배울 수 있도록 역할해야 합니다. 감독회장이나 총회장은 한국교회가 국내뿐만 아니라 세계교회들과의 관계에서 한국 개신교회가 치우칠 수 있는 부분들을 균형 잡기 위해서, 한국교회가 발견한 것을 나누고 의견을 전하기 위해서 역할을 해야 합니다. 앞으로 더욱 에큐메니컬 연대가 필요합니다. 개혁을 얘기하는 이 시점에서 교회의 본질이 무엇인지 앞으로 우리에게 필요한 신학을 개발하여 위기에 빠진 서구신학과 포스트모더니즘 시대에 엄청난 도전을 받고 있는 한국교회의 신학을 나누고 세계교회가 상호 협력해야 합니다.

목회자가 하나님과 인간 사이의 중보 역할을 하는 것이 아니라, 교사만 그런 역할을 하는 것이 아니라, 감독이 하는 역할을 해야 합니다. 신학적인 전문가 역할로서 싸움과 갈등을 '해석'을 통해 화해와 일치를 이루는 역할을 해야 합니다. 목회자는 싸움을 해석하고 중재자 역할을 해야 합니다. 그렇다면 목회자는 신학적인 수준이 아주 높아야 할 뿐만 아니라 인문학 분야인 철학, 심리학, 정치학, 경제학적 기본적 지식을 가져야 다양한 입장들을 화해시킬 수 있습니다. 한 사람이 어떤 세계관을 갖고 말하는지를 알지 못한다면 다양한 사람들의 각기 다른 입장을 이해하지 못하며 갈등을 해소하는 역할을 할 수 없습니다. 목사가 이제는 인문학과 신학의 전문가가 되어야 합니다. 그래서 높은 수준의 교육이 뒷받침되어야 합니다. 인문학 분야의 고전적인 지식만이라도 기초적으로 공부한다면 큰 도움이 될 수 있습니다. 일치와 화해를 위한 목회자의 역할이 요청되며, 교인들을 가르칠 수 있는 자질과 준비를 철저히 해야 합니다.

4 타종교에 대한 관심과 교류

믿는 모든 것은 종교라 할 수 있습니다. 포스트모더니즘 사상에 의하면 모든 철학과 자연과학도 포함하여 모든 사상을 종교로 볼 수 있습니다. 그러나 이와 같은 입장으로 얘기하고 싶지는 않습니다. 한국에는 여러 전통 종교들이 있습니다. 선교사들이 올 때 선교가 우선적 목적이었고, 한편으로는 기독교의 진리를 선포했고, 다른 한편으로는 한국종교들을 이해하려 했습니다. 선교사들 중에서 몇몇 사람은 한국종교에 대해 연구하였습니다. 이해하려는 목적은 선교를 더 효과적으로 하기 위해서였습니다. 그래서 타종교에 대한 자체적인 관심이 없었습니다. 그 이유는 선교사들도 가능한 한 모든 백성에게 복음을 전파하고 거의 대부분을 입교시키려 했기 때문입니다. 타종교는 곧 없어질 종교로 간주했기 때문에 관심을 가질 필요가 없었습니다. 그러나 지금 발견하는 것은 타종교가 완전히 없어지지 않을 것이라는 사실입니다. 그렇다면 오랫동안 더불어 살아야 할 관계로 생각해야 하기 때문에 우리는 이제 타종교에 관심을 가져야 합니다. 천주교가 불교와의 대화, 타종교와의 대화를 일찍 시작했는데 개신교회도 예외일

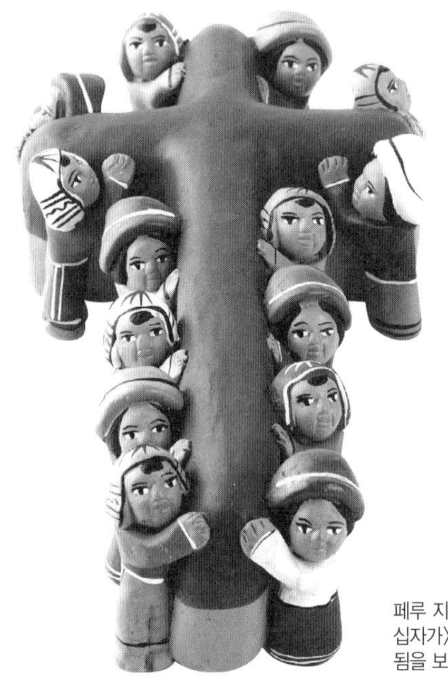

페루 지역 원주민이 만든 〈인디오 십자가〉. 평화로운 모습으로 하나 됨을 보게 된다.(© 송병구)

수 없이 해야 합니다. 기독교가 100% 수용되고 따라갈 수 있는 유일한 종교가 아니라는 사실을 알게 되었습니다.

1910년 에딘버러 선교대회 직후에 이 사실에 대해 인정했습니다. 서구교회는 온 인류 복음화가 불가능하다는 사실을 깨달았습니다. 그러나 한국 개신교는 90년대까지 온 세상을 기독교화하고자 하는 희망을 놓지 않았습니다. 지금은 불가능하다는 것을 어느 정도 인정합니다. 기독교가 역설적인 종교이며, 일반적인 지식으로는 이해가 안 되는 종교입니다. 성령의 도우심이 없으면 믿을 수도 없습니다. 어떻게 인류 전체가 믿을 수 있겠습니까? 사람들은 기독교를 거부할 이유가 많습니다. 하나님이 인간이 되셨다, 예수가 물위를 걸으셨다, 죽은 자를 살리셨다, 하나님이 죽으셨다, 하나님이 부활하셨다, 돈을 나눠야 한다, 원수를 사랑해야 한다 등 그런 내용들은 상식으로는 이해가 안 되는 내용들입니다. 거듭나지 않으면 기독교의 가르침을 거부할 수밖에 없습니다. 기독교가 대다수의 종교가 되는 것은 불가능하므로 기독교는 늘 소수일 수밖에 없습니다. 타종교는 곧 없어지리라는 생각도 할 수 없습니다. 그래서 새로운 관심이 생겼습니다. 칼 바르트처럼 종교를 완전히 무시할 수 있습니다. 종교라는 것은 인간이 자신의 노력으로 구원을 받으려고 하는 것이라 말할 수 있습니다. 칼 바르트는 계시와 종교를 이렇게 대결시켜 설명했습니다. 그러나 우리는 이 입장을 말하는 게 쉽지는 않습니다.

모든 종교는 공통점이 있습니다. 첫 번째는 인간이 모든 진리를 이해할 수 있는 것이 아니며, 인간에게는 한계가 있다는 점입니다. 인간은 진리의 존재가 아닙니다. 인간은 신이 아닙니다. 인간과 신을 구별합니다. 두 번째로는 우리가 사는 세상이 그대로 남지 않고 변화할 것이라는 점입니다. 인간도 변해야 합니다. 지금 인간의 모습은 아직 계획된 모습이 아니기에 변할 수 있습니다. 어쨌든 창조가 새 창조로 변할 것입니다.

사상뿐만 아니라 윤리적 차원에서도 공통점이 많기 때문에 세계종교인평화회의(WCRP)를 통한 종교간 대화가 잘 이뤄지고 있습니다.

전체적으로 공통점을 말하는 것도 한계가 있습니다. 각 종교가 세계관이 다르고, 용어의 의미도 상이하고 복잡해서 한계가 있습니다. 그럼에도 불구하고 같이 살아야 하기 때문에 예수님이 온 인류를 위하여 죽으셨기 때문에 기독교가 다른 종교 옆에 부분적인 종교가 아니라 초월적 종교로서 모든 다른 종교들과 대화해야 합니다.

종교 간의 평화 없이 세계 평화는 어렵습니다. 물론 사무엘 헌팅턴은『문명의 충돌』에서 모든 우선적인 전쟁의 요인을 종교로 보았습니다. 그 해석도 한계가 있습니다. 종교 안에 있는 전쟁이 더 심각한 현실입니다. 그럼에도 불구하고 종교 간의 평화 없이 세계평화가 없음을 인식해야 합니다. 그래서 해결해야 합니다. 한국의 신학 과목을 보면 지금까지 종교학 강의가 약했고, 선교학과 같이 취급했습니다. 선교학을 뒷받침하기 위해 공부하는 것으로 부수적인 취급을 했으나 앞으로는 종교학의 위치가 더 중요해집니다.

5 독일교회와 한국교회의 다른 점

독일교회와 한국교회가 매우 다릅니다. 제가 처음 한국에 왔을 때는 한국 개신교회가 독일 천주교회보다 낯설었습니다. 차이점이 아주 많았습니다. 그런데 지금까지 살아오면서 발견하게 된 공통점도 많습니다. 비교하면 수많은 공통점이 있겠지만 몇 가지 차이점만 말씀드리겠습니다. 독일교회는 800-1800년 정도로 긴 역사를 갖고 있습니다. 베를린 지역은 교회사가 800년 정도밖에 안 됩니다. 그런데 독일 서남쪽 교회사는 1800년 정도 됩니다. 그래서 베를린 지역 사람들은 종교성이 약하고, 계몽주의가 강하고 경건주의가 약해서 기독교인적인 정체성이 아주 약합니다. 그러나 서남쪽 지역사람들은 기독교적인 전통이 강하고 살아 있습니다.

한국은 천주교회의 경우 250년도 안 된 역사이며 개신교의 역사는 130년 정도로 아주 초기 교회의 단계, 속사도교부들의 단계와 유사합니다. 공통점이 많은데 초기교회의 단계를 얼마 후면 벗어날 것입니다. 다른 영향들도 있습니다. 서구에서 종교개혁을 통해 개인이 중요하게 되었고, 개인의 인권, 민주주의, 계몽주의가 생겨났습니다. 비록 계몽주의가 직접적인 종교개혁의 결과는 아니지만, 인간의 이성을 최고의 권위로 인정했기 때문입니다. 그래도 계몽주의를 종교개혁 없이 상상할 수는 없습니다. 따라서 계몽주의는 종교개혁의 결과로 봅니다. 프랑스의 경우 계몽주의가 다소 강한 영향을 미쳤고, 독일은 정치적으론 적은 영향을 받았지만 철학적으론 강한 영향을 받았습니다. 미국은 반대로 정치적으론 강한 영향을 철학적으론 약한 영향을 받았습니다.

자연과학의 발달을 통하여 물질주의가 왕위에 올라가서 교회도 약화되었습니다. 서구교회 전체가 여러 도전을 받아 위기에 빠졌기 때문에 서구교회가 계몽주의 사상으로 물질주의를 극복하기 위하여 노력해 왔습니다. 한편으로는 새로운 사상을 받아들이면서 역사비평학을 수용하고 신학사상을 만들었으나 거부하는 경향도 있습니다. 성서의 최고 권위를 방어하려고 했습니다. 종교개혁의 특징을 항상 살리려고 했습니다. 지금 그런 여러 가지 발견들도 세계관적인 대결을 통해 포스트모던 상황이 생긴 것입니다. 인간이 하나님뿐 아니라 물질적 세계를 이해하기에도 한계가 있다는 것을 알게 되었고, 객관적인 진리를 인간이 알 수 없다는 결론에 이릅니다. 그래서 자연과학까지도 신앙화하는 것입니다. 지금 서구세계는 종교의 르네상스 시대입니다. 지금까지 계몽주의와 자연과학이 주관해 왔는데 이것들은 약화되고 종교가 다시 살아났습니다. 그런데 서구에서는 기독교가 그 종교의 갱신으로부터 보람을 얻지 못합니다. 유럽인들이 유일하게 접근한 것은 기독교뿐이었습니다. 그러나 유럽사람들은 지금 기독교를 넘어서 타종교인 불교와 힌두교 같은 심지어 샤머니즘까지도 관심 갖고 있습니다. 이슬람은 위협적인 요소가 있어서 좋아하지는 않습니다. 하지만 이런 경향들은 포스트모던시대의 종교의 부흥을 의미하긴 하지만, 교회엔 유익이 되지 않고 오히려 악재가 되고 있고 위기를 주고 있습니다.

한국의 상황은 좀 다릅니다. 선교 초기에 한국에는 다양한 종교들이 있었는데 최근에 기독교가 생긴 겁니다. 신바람이 났었고 재미가 있었고 사회를 변화시켰고 서민들은 교육을 받을 수 있었기에 좋아했습니다. 기독교를 아주 옛날식으로 바라보았고 계몽주의적인 요소를 전혀 인식하지는 않았습니다. 공자의 글들이 유럽에 소개되었기에 계몽주의의 아버지 중의 한 사람으로 말하곤 합니다. 예수회가 중국에서 양반세계에서만 살았기에 유교사상을 중국의 전체 사상으로 소개했습니다. 그 이후 중국에 대한 인식이 높아진 것도 사실입니다.

한국교회에서는 계몽주의 사상은 거의 찾아볼 수 없었습니다. 종교를 절대적 진리로 인정했던 사람들이 수없이 많았습니다. 기독교가 급성장했고 큰 역할을 했고 90년대부터 그 역할을 상실하였고 위기에 빠졌습니다. 위기의 원인들을 살펴보면 교회 안의 문제도 있지만, 세계관적인 변화도 역할을 했습니다. 서양에서 유학했던 사람들을 통

베를린의 도시 스카이라인이 된 카이저 빌헬름 기념 교회는 폭격된 종탑을 그대로 두어 평화의 소중함을 일깨운다.

전쟁으로 파괴된 드레스덴의 요한네스교회는 이젠 전쟁을 성찰하는 산교육장이 되었다. 옆에 새로 교구교회를 증축하여 두 교회의 모습을 비교하게 하였다.

완전히 폭격된 드레스덴의 프라우엔교회는 잔해들을 그대로 모아 2000년 대희년 프로젝트로 원형 그대로 신축했다. 사진은 재건축 중인 교회 모습.

해, 그리고 책 번역을 통해 계몽주의와 포스트모더니즘도 함께 들어왔습니다. 계몽주의와 포스트모더니즘, 세속화의 급물살 앞에서 한국교회는 동시적인 사조의 파고가 유입되어 왔기에 혼돈에 빠졌습니다. 한국인들이 세계관적으로 위험에 빠졌습니다. 오늘날 절대적 진리를 말하는 사람들이 위기에 빠졌는데 한국교회도 이 같은 위기상황을 맞이했습니다. 그러나 서구 유럽교회의 위기와는 성격이 매우 다릅니다.

독일의 경우 기독교가 국민 전체였습니다. 교회가 국가종교였습니다. 국민 100퍼센트가 기독교인이었습니다. 한국에서는 그런 경험이 없이 0퍼센트에서 출발해서 성장했습니다. 현재 감소세라고 하지만 전체적으로 감소하는 것과도 좀 다릅니다. 한국 개신교인들은 다시 성장하자는 입장을 갖지만 유럽교회는 천천히 감소되도록 하자는 입장입니다. 성장과 회복에 대한 의지가 서로 다릅니다, 기독교가 진리이기 때문에 교회가 없어지리라 생각하지는 않고 어려워질 정도로 여깁니다. 한국의 교회성장 모델도 질적성장 모델로 변화하고 있습니다.

유럽의 경우 성장둔화 모델이 있습니다. 외적인 기독교인들만 떠날 뿐이지 소수가 되니 오히려 기독교적인 정체성을 분명히 하는 것이니 좋은 일이라고 보기도 합니다.

두 번째, 독일 경우에는 개 교회들이 있는 동안 한 지역 내의 한 교회가 어린이교회, 청소년교회, 청년교회, 노인교회 중 선택 집중해서 특화하고 전문화해서 효과적인 목회를 할 수 있습니다. 목사들이 일하는 시간을 줄일 수 있기 때문에 기회로 만들자는 입장입니다. 성장둔화 모델의 긍정적인 면이 소개되고 활용되고 있습니다. 한국교회에 특히 감소세를 보이는 중소교회에 도움이 될 수 있습니다. 한국도 유사한데 기복사상을 중심으로 했던 교회들과 종교적인 이기주의자들에게 교회를 떠나도 좋다고 말하고 있습니다. 꼭 좋다고 말할 수는 없지만 교회의 정체성은 분명해집니다.

독일교회는 국가교회였기에 헌금시스템이 달랐습니다. 독일은 전 국민이 세금을 1-2퍼센트만 내도 교회가 재정적으로 든든하게 유지되었지만, 한국교회는 교인들이 1-2퍼센트만 내면 교회가 유지하기 어렵습니다. 그리고 교회와 국가의 협력입니다. 예를 들어 사회복지를 위해 교회와 국가가 협력을 합니다. 독일의 경우 더욱 많습니다. 기독교교육은 일반 학교에서도 교회 목사들이 교육합니다. 오래된 교회건물을 국가의 지원으로 수리하는 등 다양한 지원을 받습니다. 예배당을 매매하거나 다른 목적으로 사용하기도 합니다. 디아코니아 사회복지 협력은 한국보다 훨씬 더 조직적이고 활발히 이뤄지고 있습니다. 독일 전역에 4만 5천 명 이상의 디아코니아 직원들이 있으며, 독일 개신교인 자원봉사자는 7만 명이나 됩니다.

그 전통이 있기에 보람이 있고, 국가도 교회를 보호하고, 종교세를 관리하면서 교회에 지원하고 있습니다. 그러나 몇 가지 차원에서 어려움이 있습니다. 가정에서 학교에서 교회에서의 기독교교육이 있었는데 요즘 가정에서의 기독교교육이 거의 무너지고 있습니다. 부모가 기독교에 대한 충분한 이해가 부족하기 때문에 자녀들을 교육하지 못합니다. 한국교회는 비록 주일학교가 약화되고 있지만 여전히 가정 내 기독교교육이 남아 있습니다.

옛날에 루터가 소교리문답서를 만들었던 목적은 가정에서 아이들의 종교적인 경험을 신학적으로 해석하기 위해서였습니다. 견신교육은 신학적 숙고였습니다. 지금 아이들은 집에서 성경공부와 기도 같은 신앙생활을 하지 않습니다. 그래서 지금 견신교육에서 신앙적 경험들을 신학적으로 해석할 수 없는 형편이 되었습니다. 모두 위기에 빠졌습니다. 기독교교육의 전승에 있어 지금 할머니 할아버지 세대들이 돌아가시면 독일교회가 어떻게 될지 염려하지 않을 수 없습니다. 독일교회도 주일학교 시스템을 만들어야 할 형편입니다.

독일교회의 겨우 제일 작은 교회 교인수는 500명, 큰 교회 1만 명인데, 예배참석률은 0.1에서 최대 10퍼센트 미만입니다. 예배 참여수는 계속 떨어지고 있습니다. 70년대까지도 60-70퍼센트 예배를 참여했던 교회들이 있었습니다. 그런데 지금은 10% 참여하는 교회도 거의 없는 형편입니다. 앞으로 계속 감소할 것으로 보는데 과연 독일교회가 1% 예배 참여 시대가 된다면 어떻게 살아남을 수 있을까요? 이때도 독일교회가 살아 남을 수 있을 것입니다. 왜냐하면 헌금시스템이 예배와 거의 상관없기 때문입니다. 세금과 함께 헌금이 지급되기에 예배 참여를 하지 않아도 헌금은 합니다. 그래서 예배 시 내는 헌금은 적습니다. 한국교회에서는 예배 참여를 안 하면 헌금을 안 한다는 의미이지만 독일교회는 다릅니다. 독일교인들은 크리스마스 이브를 포함하여 일 년에 평균 1-2회만 예배를 참여합니다. 예배 참여수가 제일 많은 크리스마스 이브 예배에도 20퍼센트 정도밖에 참석 안 합니다. 세례식, 결혼식, 장례식 때에도 교회에 나옵니다. 그래서 절기예배와 헌금을 하는 입장에서 독일교인들은 비록 교리를 잘 알지 못한다 하더라도 자신을 교인이 아니라고 말할 수는 없습니다. 한국 개신교회가 유럽교회로부터 연구할 만한 과제가 있습니다. 개 교회를 통합하는 방안, 헌금제도를 대안적으로 새롭게 할 수 있는지 방안을 연구해봐야 합니다.

독일목사들은 한국목사들보다 더 바쁠 것입니다. 여러 이유가 있습니다. 우선 독일교회의 관리 시스템이 복잡하기 때문입니다. 수십 명의 직원을 관리해야 하는 목사들도 있습니다. 목사들은 지도자이기에 모임과 회의가 많고, 예배도 엄청 많습니다. 보통 1,500명의 교인이 있습니다. 비록 교회는 안 나오지만 많은 장례 예배를 인도하고 주일학교에서 매주 2시간씩 가르치고 일반 학교에서도 매주 8시간의 기독교교육 등을 해야 합니다. 물론 한국목사들은 새벽기도 때문에 바쁩니다. 가장 큰 차이는 한국교회가 전도와 선교를 많이 하는 반면 독일교회는 거의 하지 않는 것입니다.

종교개혁자들은 마태복음 28장 20절을 '선교' 사명으로 이해하지 않고 '세례' 사명으로 이해했습니다. 선교를 하지 않고 있다가 뒤늦게 선교의 말씀으로 발견하였습니다. 그다음부터는 해외선교에만 집중해서 열심히 했습니다. 17세기 말부터 18-19세기에서야 선교에 집중하게 되었습니다. 최근에는 다시 선교가 약화되었습니다. 요즘은 나라마다 현지교회가 있기에 선교사를 파송하지 않고 선교협력자만 파송하고 있습니다.

해외선교만 생각하던 때인 19세기에 디아코니아 운동의 선구자로 불리는 비헤른(Johann Heinrich Wichern) 목사는 국내선교도 해야 한다고 강조하였습니다. 디아코니아를 국내선교로 해석했습니다. 전도도 하고 비록 교회입교가 목적이었지만 사회복지를 했습니다. 독일교회가 국가교회로서 국내선교사업에는 무관심했으나 추후 사

요한 비헤른

첫 목회지이자 안수를 받았던 도나우 강변의 도나우뵈르트 크리스투스교회에서 파푸아뉴기니 자매교회 방문단과 함께 참여하는 성령강림절 예배(2017)

회복지적 성격의 일들에 집중하여 강화되었습니다. 역사상 처음으로 1999년에 비로소 독일 개신교협의회(EKD)에서 "국내선교 선언문"을 발표했습니다. 우리 이웃을 위한 선교도 해야 한다, 우리 주변에 믿지 않는 사람들이 많기 때문에 선교해야 한다는 천명입니다. 사실 독일 교인들에게 선교란 제국주의적이다, 문화파괴다, 수출이다 등등 최악의 이미지였고 부정적인 자세였습니다. 그러나 그 문서 발표 이후 이웃전도를 해야 한다는 데 인식의 변화가 생겼습니다.

코이노니아 사상을 바탕으로 한국교회와 독일교회가 예배를 포함하여 서로 배울 게 많습니다. 말씀선포의 경우 힘차지는 않지만 독일교회의 말씀의 깊이와 진리의 명료성 등은 한국교회가 유럽교회로부터 배워야 할 점입니다. 그리스도의 본질을 발견하고 서로에게 실질적인 아이디어 교환으로 도움을 주기 위하여 배워야 합니다.

마당 VI

예수 그리스도를 기다리며

1_ 종교개혁 500주년, 무엇을 해야 할까?

먼저 종교개혁의 상황을 이해할 필요가 있습니다. 16세기 서구 교회에 문제가 많았습니다. 교회가 완전히 타락했다는 속단은 과하지만, 문제가 많았던 것은 분명한 사실입니다. 종교개혁자들은 문제점들을 비판하고, 교회개혁을 요구했습니다. 그러나 교황청과 다른 교회 지도층들은 개혁파들의 요구를 수용하지 않았고, 오히려 파문했기 때문에 교회개혁은 실패했고 종교개혁을 실천하는 새로운 교회들이 생겨났습니다. 서구교회가 천주교회와 개신교회로 분열되었습니다. 나중에 천주교회가 개혁의 필요성을 인정했고, 20세기에 종교개혁가들의 요구들을 일정 부분 수용했습니다. 1960년대 2차 바티칸 공의회에서 예배개혁을 중점적으로 단행했고, 1999년 루터교와의 공동선언문을 통하여 '칭의론'에 어느 정도 합의했습니다. 나중에 감리교회가 가입했고, 최근에 세계개혁교회연맹(WCRC)도 조인하기로 결정했습니다.

최근 교황은 개신교회가 기대했던 대로 자기 자신을 '교황'이라고 하기보다는 '로마의 주교'라고 표현합니다. 그는 매우 어렵고 위험한 일이라도 교황청을 개혁하기도 합니다. 겸손하게 그리고 기독교인답게 말하고 행동도 합니다. 루터시대의 교황과 매우 다른 모범적인 모습을 보여줍니다. 아직 멀었지만 천주교회와 개신교회가 서로 노력하면서 가까워질 수 있고, 서로 인정한다면 다양성 속에서 일치를 추구할 수 있습니다. 하나의 교회(Super Church)를 만들자는 의미가 아니라 서로를 인정하고 대화하는 것이 중요합니다. 다양성 안에서의 일치가 목적입니다. 2016년에 독일 천주교와 개신교 대표 두 분이 함께 뮌헨에서 공동성찬식을 향하여 나가자는 선언을 했습니다. 교황청은 아직 반대하지만 그 목적을 세웠습니다.

종교개혁 500주년이 지난 지금 종교개혁의 핵심이 무엇인지 분명하지 않습니다. 그래서 온 세계 교회들은 종교개혁의 의미가 무엇인지 묻고 있습니다. 종교개혁의 해석이 여러 가지가 있습니다. 루터에 대한 해석도 다양합니다. 오늘 21세기의 개신교회가 개혁해야 한다는 것을 대부분은 인정합니다. 서구도, 한국도 모두가 동의하는 것인데 문제는 어떻게 개혁해야 할지가 분명하지 않은 것입니다. 이 논쟁이 활발히 진행 중입니다. 제가 볼 때 한국 개신교회의 개혁은 16세기 유럽 종교개혁으로부터 배울 게 있습니다.

종교개혁 500년 기념 포스터

16세기 초의 서구교회와 오늘 한국교회 사이에 공통점들이 많기 때문입니다.

2012년에 제가 루터대학교에서 종교개혁지 탐방을 인도한 적이 있습니다. 다양한 사람들이 루터의 개혁지들을 방문했습니다. 루터대학교 총장을 비롯해 목회자와 여러 평신도들이 참여했습니다. 여행의 말미에 평가회를 가졌습니다. 그런데 결과가 아주 흥미로웠습니다. 제가 참여자들에게 한국 개신교 개혁을 위한 중요한 과제를 발견했는지 물었습니다. 이에 다양한 대답이 나왔습니다. 또한 오늘의 한국교회와 루터시대의 천주교회의 공통점이 있는지를 물었습니다. 너무 놀랍게도 참여자들은 여러 공통점들을 말해 주었습니다. 그 공통점을 정리해 열 가지로 간추려 보면 다음과 같습니다.

1. 율법주의적 예배 이해
2. 하나님의 은혜나 부를 얻기 위해 재물로 하나님께 영향을 줄 수 있다고 하는 생각
3. 선행을 통해 천국에 갈 수 있다고 하는 생각
4. 지옥과 죽음에 대한 두려움을 교회가 악용하는 것
5. 교회의 교권주의
6. 성직매매
7. 많은 목사들의 지나친 돈에 대한 관심과 돈의 오남용
8. 많은 목사들이 교회를 개인적 소유로 여기는 것
9. 많은 목사들의 도덕적 성적 타락

10. 많은 목사들의 낮은 신학적 수준

이 결과들을 보고 저는 깜짝 놀랐습니다. 참여자들이 루터 당시의 천주교회를 부정적으로만 보았음을 알 수 있습니다. 이뿐 아니라 500년 전의 천주교회와 한국교회 둘 다를 부정적으로 보고 있음을 알 수 있었습니다. 좋은 공통점도 찾을 수 있습니다. 한국교회의 개혁을 위해 이러한 시각이 도움이 됩니다. 물론 참여자들이 찾았던 열 가지 공통점 외에 또 다른 공통점들도 있을 것입니다. 화려한 교회건물을 좋아하는 것도 공통점입니다. 물론 대표적이고 화려한 큰 교회 건물을 짓는 것은 비판할 일만은 아닙니다. 교단마다 그런 건물이 필요합니다. 예를 들어 대한성공회가 덕수궁 옆에 대성당이 있기에 에큐메니컬 활동에 각 교단을 초청할 수도 있습니다. 그러나 공공성이 떨어지는 건축과 대지구입을 위해 엄청난 돈을 쓰는 교회들의 행태는 비정상적입니다. 유럽 천주교회는 자기 권력을 보여주기 위해 대형 건축물에 집착했습니다. 이것은 루터의 십자가 신학과 어울리지 않았습니다.

또 하나의 공통점은 영광의 신학입니다. 하이델베르크 공개학술 논쟁에서 루터는 이미 1518년 4월 매우 일찍이 영광의 신학을 비판했습니다. "하나님의 보이지 않는 것들을 창조된 것들 안에서 발견할 수 있다고 하는 신학자들은 신학자들이 아니다"라고 말했습니다. 올바른 신학은 십자가의 신학입니다. "그리스도의 고난과 십자가에서만 하나님을 발견할 수 있다"고 생각하기 때문입니다.

한국 개신교에서 기복사상을 따른 사람들이 많았습니다. 기복신학은 번영신학으로서 영광의 신학의 또 다른 형태입니다. 루터는 영광의 신학을 반대하고 거부했습니다. 다행스럽게도 기복신앙에서 벗어나려고 노력하는 교회와 목회자들이 많아지고 있습니다.

또한 영적 정치적 권력을 모두 원하는 것이 공통점입니다. 루터시대에 두 검 이론이 있었습니다. 예수로부터 두 개의 검을 얻었다는 이론입니다. 예수가 제자들에게 검이 몇 개 있느냐고 물었을 때, 제자들은 두 개 있다고 대답했습니다. 검을 쓰지 말라고 하셨지만 검을 갖고 있었습니다. 검은 소유하고 있는 그 자체만으로도 사형 당할 만큼의 범법행위였습니다. 예수가 두 검을 누구에게 줬습니까? 하나는 황제에게 하나는 교황에게 줬다는 교리가 있었습니다. 이 교리는 중세시대에 이르러 교황이 두 검을 다 얻었다는 이론으로 변경되었습니다. 중세 서구교회의 특징입니다. 영적인 권리와 정치적 권리까지 요구했던 것입니다.

한국 개신교를 보면 이렇게 두 개의 검을 다 갖길 원하는 목사들을 쉽게 발견할 수 있습니다. 기독당 설립을 추진했고, 정치적으로 영향력을 주려고 합니다. 물론 교회가 정치적으로 영향력을 갖는 것 자체가 잘못된 것은 아닙니다. 그러나 정치적 권력을 직접적으로 가지고자 하는 것은 옳지 않습니다. 두 왕국론의 입장에서 분명히 설명하고 있습니다. 이것은 루터의 생각과는 판이하게 다릅니다.

기독교적인 정치가 없습니다. 목사가 정치가가 되면 목회직을 사임해야 합니다. 왜냐하면 정치는 권력을 용인하는 자리가 될 수밖에 없기 때문입니다. 권력을 사용하는 위치로서 권력을 포기하지 않는 것이 정치가의 위치입니다. 나라를 위해 강한 모습과 행위를 필요로 하기에 항상 진리를 말할 수 있는 자리가 아닙니다. 따라서 기독교적인 정치는 있을 수 없기 때문에 기민당을 신임하지 않습니다.

루터에 의하면 교회에 정치적 권력이 주어지지 않았습니다. 다만 말씀의 권력이 있습니다. 교회는 정치가들에게 영향력을 미쳐야 합니다. 교회의 권면과 충고, 예언자적 역할을 필요로 합니다. 교회가 역할을 안 한다면 정치인들이 착한 정치를 해야 하는 자신들의 본분을 망각할 수 있습니다.

종교개혁 500주년은 온 세계교회에 좋은 기회가 될 수 있습니다. 한국교회뿐 아니라 유럽, 미국교회에도 마찬가지입니다. 한국교회의 경우 교회가 여러 어려움을 겪고 있는데, 이 어려움을 극복하기 위해 개혁이 필요하다는 데 공감하고 있습니다. 개혁의 정도의 차이는 있습니다. 일 년 안에 다 할 수는 없지만 중요한 일들은 올해 안에 결정해야 한다고 봅니다. 기독교인들은 스스로 자기 삶 속에서 무엇을 개혁해야 하는지 자기 삶을 검토할 필요가 있습니다. 두 번째는 개 교회에서 어떤 방향으로 나가야 종교개혁의 전통이 잘 나타날 수 있는지 목회자들은 성도들과 잘 소통해서 나가야 합니다. 세 번째로 총회 차원에서 교회가 필요한 개혁을 조직적으로 체계적으로 해야 합니다.

그리고 네 번째로 교단들 간의 갈등이 있는데, 이러한 분단을 극복해야 합니다. 특별히 같은 신앙고백이 있는 장로교회들이 일치를 합의해야 합니다. 이것은 권력싸움으로 해결하는 것이 아니고 구조조정, 교단법 개정, 에큐메니컬한 협력을 해야 합니다. 서로 인정하고 배우고 교류하는 모습이 강화되어야 합니다.

한국교회가 개혁되기를 바랍니다. 그냥 큰 변화 없이 언젠가 좋아질 것 같다는 생각을 하지 말고 억지로 하지 말고 스스로 원하는 개혁을 힘들어도 해야 할 필요가 있으며 그렇게 하길 바랍니다.

오늘날의 기독교인들에게 많은 것을 느끼게 하는 이 유명한 조각상은 제2차 세계대전을 목격한 뒤 그리스도의 희생과 사랑을 형상화한 케테 콜비츠의 작품이다. 〈그리스도의 죽음과 어머니〉(베를린, 콜비츠 박물관)

2 한국교회, 개신교라고 말할 수 있나?

16세기 서구교회와 오늘의 한국 개신교회가 공통점이 많다는 것은 아주 놀라운 일입니다. 개신교회가 16세기 종교개혁의 결과이고, 종교개혁은 16세기 당시 천주교회의 단점들, 문제점들을 극복하려고 출발했습니다. 그런 개신교회가 지금 어떻게 그 당시 천주교회와 유사점을 갖게 되었는지 납득할 수 없습니다. 개신교회 내에 종교개혁에 반대되는 양태가 있습니다. 또한 개신교회의 정체성을 이루는 종교개혁의 특징들이 한국 개신교회 내에서 실천되지 않았음을 의미합니다. 이러한 교회를 개신교라고 말할 수 있는가 물어봐야 합니다. 아주 도전적인 발언입니다. 그러므로 2012년 종교개혁지 탐방 참여자들의 발견은 아주 신선하고 놀라운 것입니다.

개신교회는 제2종교개혁을 주장합니다. 그러나 과연 제1종교개혁과 비슷한 제2종교개혁을 필요로 하는가? 질문하게 됩니다. 종교개혁으로 돌아갈 것인가, 새로운 종교개혁을 일으킬 것인가 하는 물음입니다. 우리에게 필요한 종교개혁을 깊게 생각할 수 있게 하는 발견입니다.

한국교회에서 개혁하자는 제안에는 4개의 모델이 있습니다. 첫 번째로 총신대학교 모델입니다. 총신대 교수들은 이렇게 말합니다. 한국 개신교의 가장 심각한 문제는 세속화이며, 이 세속화가 교회의 본질을 위협하고 있으니 이 세속화를 극복하려면 한국 개신교 초기로 돌아가야 한다는 것입니다. 100-130년 전으로 돌아가자는 주장입니다. 그땐 세속화가 아예 없었다고 주장합니다. 오늘의 한국 개신교 문제들 중에서 한국 초기교회에서는 없었던 문제들이 많아서 초기로 되돌아가자는 제안에 이해는 됩니다. 그러나 한국교회 초기에는 미국 선교사들이 오고 미국식 개신교회를 한국에 설립했습니다. 물론 초기 선교사들은 토착화도 하려고 했습니다. 예를 들어 성경을 한국어로 번역했습니다. 한국말로만 한 것이 아니라 한국문화로 번역했습니다. 예수가 '빵'을 떼고를 '떡'을 떼고라는 표현을 함으로써 번역이 아닌

예수를 영접한 어느 북한 청년이 신실한 마음으로 새긴 목판화 〈최후의 만찬〉(1999)

문화를 반영한 해석을 담았습니다. 가장 많은 부분은 문법입니다. 선교사들은 원래 헬라어와 영어에 없는 존칭과 존댓말로 번역했습니다. 유교적 문화를 옷 입혔던 겁니다. 그러므로 초기 개신교로 돌아가면 미국 개신교 전통을 답습하는 것이며 문화화 문제가 이미 시작된 것입니다.

그런데 130년 전 한국교회로 돌아가면 정말 본질적인 교회로 돌아가는 것인지요? 본질적인 교회로 돌아가기보다는 순수한 한국 초기 교회 모습으로 돌아갈 뿐입니다. 초기교회의 모습은 미국교회의 모습을 담고 있어 미국과 한국이 혼재된 모습이었습니다. 미국교회의 문제점 중의 하나는 교파주의였습니다. 유럽 선교사를 통해 기독교가 전파되었다면 교파주의는 없었을 겁니다. 또 예전이 부족한 미국전통과 미국의 경건주의적 형태로 시작되었기 때문에 우리가 130년 전으로 되돌아간다면 배울 점은 그리 충분치 않습니다.

두 번째로는 루터교회와 장로교(장신대) 측에서 주장하는 모델입니다. 500년 전 종교개혁시대로 돌아가자는 제안입니다. 500년 전으로 돌아가면 120년 전으로 돌아가는 것보다 좋은 점이 있습니다. 개신교회의 정체성이 분명히 나타날 수 있고, 종교개혁자들이 교회의 정체성과 본질에 집중했기 때문에 교회의 본질로 돌아갈 수 있는 가능성이 있습니다. 한국 개신교의 문제는 본질을 되찾아야 하는 문제이기에 종교개혁이 도움이 되는 것은 분명합니다. 그러나 그때로 돌아가자면 중세시대의 상황으로 돌아가자는 말입니다. 오늘의 현실에 부합하지 않습니다. 유럽교회의 현실로 돌아가자는 제안인데, 한국교회가 미국교회의 영향을 지대하게 받고 있기에 유럽 영향을 받는 것은 좋을 수 있습니다. 그러나 미국 영향을 벗어나 유럽의 영향만 받자는 것은 불가능하고 그리 바람직하지는 않습니다.

세 번째는 독립교회와 개체교회들이 제안하는 모델입니다. 2천년 전의 초대교회로 돌아가자는 제안으로 거기에서 분명 배울 만한 것이 많겠지요. 종교개혁으로 돌아가자는 것도 성경으로 돌아가자는 뜻입니다. 종교개혁자들이 성서에 집중했기에 거의 유사한 제안입니다. 성경의 영향 아래 존재하자는 제안입니다. 그러나 초대교회로 돌아갈 수는 없고, 초대교회로 돌아가도 바람직한 것일까요? 유럽의 영향이 아니라 중동의 영향, 고대중동의 영향을 받자는 제안인데 현재와 맞지 않습니다. 그 제안대로 초대교회로 돌아갈 수는 없는 것이지요.

네 번째는 한국 신학자들 중에서 진보적인 사람들이 제안한 모델입니다. 되돌아가지 말고 앞으로 나아가자는 것입니다. 한국다운 신학사상과 교회를 만들자는 제안입니다. 그 제안은 이해가 됩니다. 인간은 뒤로 되돌아갈 수 없습니다. 역사의 흐름을 거슬러 반대로 갈 수는 없습니다. 되돌아가자는 것이 아니라, '되돌아보자'는 것입니다. 되돌아보면서 '앞으로 나아가자'는 태도가 올바른 제안이며 태도입니다. 기독교인의 특징 또한 항상 되돌아보면서 앞으로 나아가는 사람들입니다. 성경을 토대로 과거를 성찰하며 미래를 향해 나아가는 것,

이것이 기독교의 특징입니다. 유교가 과거 중심이라면 기독교는 미래 중심입니다.

앞으로 나아가자는 제안에서 진보적 신학자들은 서구사회와 서구교회가 위기에 빠졌기 때문에 더 이상 서구교회의 영향을 받지 말고, 한국다운 교회를 만들자고 말합니다. 미국의 영향을 많이 받았기 때문에 한국문화화를 강화하자는 주장입니다. 저도 독일인으로서 한국교회가 미국교회의 영향을 많이 받았다고 하는 것을 동의합니다. 한국문화와 기독교의 본질과 어울리지 않는 부분도 있습니다. 그러나 진보적인 한국 신학자들이 발견하지 못하는 것을 외국인이라서 보게 됩니다. 앞에서도 여러 번 말했지만 저는 한국 개신교회가 이미 아주 많이 한국문화화되었다는 점을 봅니다. 한국교회의 토착화가 심화되었습니다. 너무 멀리 갔다고도 볼 수 있기 때문에 더 한국화하는 것은 지양해야 합니다. 저는 한국교회가 한국문화 중에서 잃어버린 교회의 '본질'을 재발견한 후에 한국문화화하길 바랍니다. 그 본질을 발견하지 않고 더 토착화한다면 본질과 더 멀어질 수 있습니다.

토착화 신학에서는 지리학적인 개념이 유효한지 그렇지 않은지에 대한 질문이 필요합니다. 기독교가 서구의 종교가 아닌 것은 분명합니다. 기독교는 중동의 종교입니다. 나중에 서구화되었습니다. 중동에서 유럽, 미국 그리고 한국으로 그렇게 서쪽으로 이동했습니다. 완전히 서양화된 모습으로 기독교는 한국에 왔습니다. 지리학적 측면에서 볼 때, 출발점에서 너무 멀어졌기에 서쪽으로 계속 가서는 안 되고 동쪽으로 와야지 초기의 출발점으로 되돌아갈 수 있습니다. 그러나 저는 그 개념이 맞지 않다고 봅니다.

교회가 본질적인 것과 문화적인 것을 구별해야 합니다. '복음'은 본질입니다. 복음은 항상 문화의 형태로만 나타납니다. 복음은 언어로 나타나며 언어가 문화이기 때문입니다. 본질은 문화로 해석하면 안 됩니다. 중동의 콘텍스트에서 나온 본질이 헬라화, 로마화, 독일문화, 미국의 모습을 덧입고서 한국문화의 옷을 입으면서 이 본질은 희미해졌습니다. 이렇게 이상해진 기독교의 본질을 더 문화화시키면 본질에서 더 멀어지는 것 아닙니까? 저는 본질과 문화를 구별해야 한다고 봅니다. 본질을 되찾아야 합니다. 그러나 그것은 어렵습니다. 130년 전으로 돌아가면 미국 선교사들의 모습을 찾을 수는 있으나 본질은 아닙니다. 선교열정을 지닌 미국교회의 모습이지 결코 교회의 본질은 아닙니다.

500년 전으로 돌아가면 종교개혁자들이 본질로 생각한 것을 발견할 수 있습니다. '칭의론'입니다. 오직 성경(Sola Scriptura), 오직 은총(Sola Gratia), 오직 믿음(Sola Fide), 오직 그리스도(Solus Christus)입니다. 이것을 기독교의 본질로 봤습니다. 이것들도 16세기 중앙유럽의 기독교인들이 생각했던 내용입니다. 종교개혁의 신학사상을 연구하고 되돌아보는 것은 아주 소중합니다. 여기서 우리는 아주 강한 모델을 발견할 수 있는데 기독교 본질에 대한 모델인 '칭의론'입니다. 그리고 16세기 종교개혁을 연구해야 하지만, 오늘의 도전은 다른 것이므로 온 세계교회 신학자들, 지도자들이 오늘의 종교개혁의 본질이 무엇인지 논쟁하는 일이 필요합니다. 그래야만 그 본질을 찾을 수 있습니다.

종교개혁이 찾았던 본질이 아주 중요하지만 다를 수 있다고 생각합니다. 제가 주장하는 것이 두 가지인데 먼저 물질과 영의 관계에 대해 다시 깊게 생각해 봐야 합니다. 스콜라 시대에는 영과 물질을 분리해서 이해했습니다. 자연과학은 물질세계에만 집중하고 있어서 하나님에 대한 관심과 탐구를 접었습니다. 물질세계도 인간은 충분히 이해하지 못한다는 사실을 발견했습니다. 현재 자연과학은 위기에 빠졌습니다. 우주에 있는 암흑 물질(dark matter)을 아무리 노력해도 학자들이 아직도 설명할 수 없는 것입니다. 제가 보기엔 물질이 아닌 요소일 수도 있지 않을까 생각합니다. 영적인 차원에 대한 균형감 있는 고민이 필요합니다. 세계관의 패러다임 전환이 다가오고 있다고 생각합니다. 중세의 스콜라 후반기부터 지속적으로 신학과 철학 그리고 철학으로부터 독립된 자연과학을 분리해 왔습니다. 신학은 영적인 것을 연구했고 자연과학은 물질만 연구했습니다. 거의 두 가지의 세계관들이었습니다. 제가 보기로는 물질에만 집중했던 자연과학은 지금 한계를 맞았습니다. 수 세기 동안 주권된 물질주의가 더 이상 충분하지 않고 물질과 영을 둘 다 인식하는 세계관과 둘 다 동시에 연구하는 과학이 필요하다고 생각합니다. 이것이 신학 개념도 변경시킬 것이라고 생각합니다. 신학은 앞으로 영적 세계에만 집중하지 못할 것입니다. 영과 육의 연결에 대한 연구가 많이 필요하게 될 것입니다.

두 번째는 종교개혁자들의 신학사상입니다. 루터가 스콜라 후반기의 신학적 위기를 깊게 이해한 자로서 계시 중심 신학사상을 만들었습니다. 인간이 이성으로 하나님을 이해하지 못하기 때문에 하나님만 인간과 하나님 사이의 분단을 극복할 수 있다는 개념입니다. 하나님의 계시를 통하여만 인간이 하나님을 알게 될 수 있다는 것이었습니다. 그래서 루터가 독특한 하나님의 계시인 예수에 집중했습니다. 그리고 예수님을 증명하는 성경에 집중했습니다. 루터와 칼뱅이 삼위일체론을 귀하게 하여 성부와 성령도 강조했습니다. 그래도 나중에 기독론 중심이 되었고, 그리고 자연과학의 영향으로 기독론 외에 성부론도 중요했습니다. 그러나 독일 경우에는 성령론이 루터교회에서 매우 약화되었습니다. 한국 개신교회는 기독론과 성령론은 집중하지만, 성부론에 다소 관심이 낮습니다. 루터교, 장로교는 기독론을, 그리고 오순절, 성결교, 감리교는 성령론을 강조하고 있습니다. 그러나 성부론에 대한 관심은 공히 부재합니다. 한국 개신교회의 성령론에 관심을 갖고 상호교류를 해야 하는데 유럽과 아시아의 신학자들이 만난다면 도움이 될 것입니다. 이것은 삼위일체론 안에서 논의해야 할 큰 과제입니다. 종교개혁에 집중한다면 삼위일체론이 중요하고 성령론이 강조되어야 합니다.

마지막으로 기독교는 역사 개념입니다. 종교개혁자들이 인식했으나 오늘날 우리가 더 강조해야 할 과제입니다. 기독교는 특별한 종교라기보다는 인류보편적이고 온 인류를 위한 신앙이라는 점을 강조해야 합니다. 종교개혁 당시는 기독교만 있었기 때문에 타종교를 염두에 둘 필요가 없었습니다. 그러나 한국은 다종교 사회이므로 기독교가 초월적인 종교임을 이해할 필요가 있습니다. 기독교가 새 인류, 새 창조를 말하는 것이므로 기독교인들만을 위한 종교가 아님을 인식해야 합니다. 기독교는 일반종교가 아닌 초월적 종교입니다. 타종교도 이해할 수 있는 개념으로 설명할 수 있어야 합니다. 하나님의 첫 창조를 새로운 창조로 인도하는 기독교로 나가야 합니다.

세계적으로 입장이 다르기 때문에 그리스도의 본질에 대한 탐구가 저의 주된 관심입니다. 제가 제안한 세 가지는 삼위일체 전체를 토론해야 하고, 기독교의 초월성을 인식해야 하고, 역사의 흐름 속에서 첫 창조와 둘째 창조 사이에 존재하는 교회에 대한 이해를 하는 것입니다. 기독교인의 안팎사상은 경계선을 두지만, 하나님의 나라를 생각하면 다른 역할을 합니다. 경계선은 기독교인과 타종교인 사이에만 있는 것이 아니라, 교회 내에서도 그리고 각자의 내면에도 존재합니다. 기독교의 정체성과 본질이 무엇인지 아는 것 같지만 결코 알지 못한다고 생각합니다.

종교개혁 500주년이 우리에게 도전적으로 말해주는 것은 당시 몇몇 신학자들이 토론했던 것, 예를 들어 비텐베르크 교수들의 논쟁, 츠빙글리의 취리히 논쟁, 칼뱅의 제네바 논쟁과 같은 논쟁들을 오늘 전지구적 차원에서 진행해야 한다는 것입니다. 오늘날은 한국 개신교회에 천주교회와 동방(정)교회 신학자들의 역할이 크게 필요한 때입니다. 개신교회 안에서만 논의하는 것이 아니라, 한국 내에서 동일 교파 간의 논의가 아니라, 에큐메니컬 시대에 부응하는 논의가 활발히 교류되어야 합니다.

3 한국교회, 신학교육을 새롭게 하라

종교개혁 시대 천주교회의 약점들 중 하나는 성직자들의 낮은 교육수준이었습니다. 물론 고등교육을 받은 신학자들이 있었지만, 신학을 제대로 공부하지 않고 사제서품을 받은 신부들이 많았습니다. 루터도 예외는 아닙니다. 루터가 대학교에서 신학교육을 한 학기도 이수하지 않은 채 신부가 되었습니다. 다행히 루터가 나중에 신학을 제대로 공부하고 뛰어난 신학자가 되었지만 서품식 때 아직 신학은 잘 몰랐습니다. 이렇게 천주교회가 성직자의 수준에 대해 관심을 기울이지 않았습니다. 신부들 중에 성경을 읽지 못하는 사람도 있었고, 설교시간에 엉터리 이야기를 늘어놓는 이들도 많았습니다. 교회가 약화될 수밖에 없었습니다.

그래서 루터가 종교개혁을 하고자 할 때 두 가지 기본적인 방향으로 교육을 말했습니다. 첫째 방향은 만인사제직이었습니다. 최고의 권위가 성서에 있기 때문에 모든 교인들은 성서를 잘 이해할 수 있다고 생각했습니다. 모든 이들이 성경을 읽을 수 있도록 교육해야 한다고 했습니다. 당시 문맹률이 90퍼센트 이상이나 되었습니다. 그래서 루터가 표준라틴어학교 설립을 제안했습니다. 만인사제직을 실체화시키기 위해서 정한 첫 번째 방향이었습니다. 둘째 방향은 목회자 개념을 정립했습니다. 한편으로는 목회자를 만인사제직으로 이해했으나, 또 다른 한편으로는 개 교회의 감독의 역할로 이해했습니다. 목사는 설교를 올바르게 해야 한다고 생각했습니다. 설교를 바르게 하는 것은 아주 어려운 일입니다. 그래서 목사들은 최고의 교육을 받아야 했습니다. 그런 영향 때문에 독일교회의 목사들은 최고수준의 교육을 받게 되었습니다. 그래서 오늘날까지 목사를 신학자라고 표현하기도 합니다. 츠빙글리가 취리히 대성당에서 시작한 성서연구반(Prophezei)이 오늘날 취리히대학의 출발점이 되었습니다. 칼뱅도 마찬가지입니다. 칼뱅은 네 가지 직제를 말했습니다: 목사, 교사, 집사, 장로로 구분하였고, 교회 지도자 양성을 위해 노력했습니다.

오늘의 한국교회를 보면 정말 교육의 문제가 많습니다. 선교 초기 당시의 민중들은 교육수준이 낮았습니다. 이때 평양과 서울에서 목사 교육을 시작했으나 한국전쟁 이후 상황이 악화되면서 목회자들은 학부만 졸업한 후 목사가 되었습니다. 이후 목회학 석사과정(M.Div)이 요구되었습니다. 석사과정 3년 공부를 마치면 목사가 된다는 뜻인데 여전히 부족하다고 봅니다. 수준이 높은 목사들이 많지만 현재 일반인들의 교육수준을 따라가지 못하고 있는 목사들이 더 많습니다. 따라서 신학교육 제도의 개선이 시급합니다. 한국교회가 사회의 인정을 받지 못하는 첫 번째 이유는 사회에 영향을 주지 못하는 점이고, 두 번째는 실제적으로 목회자의 교육수준이 너무 낮다는 데 있습니다. 지식인들은 좋은 목회자를 찾기가 쉽지 않습니다.

유럽에서는 학부와 신대원에서 학업하면서 고전어 공부 외에 최소 4년 정도 신학을 공부해야 합니다. 한국의 목회학 석사과정은 미국 교육과정을 따르고 있습니다. 독일은 목회학 석사과정(Predigerseminar)을 포함해서 평균 8년 반에서 9년의 신학교육을 받습니다. 한국교회는 미국식이기 때문에 대학교 시스템에 따라 대학원 3년 교육을 따르고 있습니다. 학교가 국가법에 따라야 하기 때문에 학교 스스로가 자체적으로 해결할 수 없는 문제입니다. 그러나 총회는 할 수 있습니다. 3년이 아니라 5년 이상의 신학교육을 필한 자에 한하여 안수를 허용한다는 강력한 조치가 필요합니다. 총회가 목사안수 과정을 더 강화하고 엄격하게 요구해야 합니다. 이렇게 한다면 모든 학생들이 대학과 대학원에서 제대로 신학 전공을 하게 됩니다. 지금 벌써 3년 신학 전공이 부족하다는 생각으로 학부부터 신학을 공부하는 신학생들이 있습니다. 그러나 학부에서 신학을 전공하지 않았던 학생들도 있기 때문에 대학원에서 같은 내용을 또다시 배워야 합니다. 총회들이 5년 제도를 결정하면 모든 학생들이 학부와 대학원에서 신학을 전공해야 하게 됩니다. 그래서 학부와 대학원 교육과정을 구별하여 두 단계 시스템을 만들 수 있습니다.

신학교육을 강화하기 위해 제안하고 싶은 것은 첫 번째는 학부에서는 '고전어'를 중점적으로 배워야 합니다. 다 배울 필요는 없지만 그리스어를 잘 배워야 하고, 히브리어나 라틴어 중에 하나를 잘 배워야 합니다. 헬라어를 두 학기 동안 매일 한 시간씩 배워야 할 것입니다. 라틴어나 히브리어를 한 학기 동안 매일 공부할 필요가 있을 것

'신학한다는 것은 늘 진취적인 비전을 가져야 한다'는 뜻이 담겨 있는 젊은이들의 벽화

입니다. 이렇게 해야 어느 정도 배울 수 있습니다. 세 학기를 언어공부에 투자해야 합니다. 두 번째 제안은 학부에서 학문적 '연구방법'을 배워야 합니다. 구약, 신약, 교회사, 조직신학의 학문방법론을 각 분야에 맞게 배워야 합니다. 모든 분야에서 논문을 쓰는 것을 제안합니다. 학문적인 해석방법을 배우면서 실천하는 방식으로서 10쪽 가량의 소논문을 직접 작성하면서 훈련해야 합니다. 세 번째 제안은 고전적 '신학개념' 교육이 필요합니다. 예를 들어 아우구스티누스, 아키노의 토마스, 루터, 칼뱅, 웨슬리, 폴 틸리히 그리고 칼 바르트 중에서 최소 5명의 학자들의 고전적인 개념을 이해하기 위해 공부해야 합니다. 또한 신학에 대한 총괄적인 강의도 들어야 합니다.

신학대학원에서는 실천신학과 상황화에 집중해서 공부해야 합니다. 실천신학은 이론과 실재를 종합하는 학문이므로 학부 때는 기초신학에 집중하고 대학원에서 실천신학을 하는 것이 좋을 듯합니다. 사람마다 신학 개념이 다르다 보니 목회현장에 나가는 사람마다 기초

신학에 대한 이해를 바탕으로 자신의 사상으로 개념화하는 능력이 있어야 합니다. 고전적 개념들을 토착화, 국제화, 문화화, 상황화, 현대화 등 신학적 접근을 통하여 체계화하고 구체화해야 합니다. 그리고 철학, 사회학, 심리학 등 같은 인문학도 할 수 있는 만큼 공부할 필요가 있습니다. 오늘의 사회변화 속에서 여러 가지 도전들을 고려해서 필요한 훈련이라고 봅니다.

한국의 신학교육 과정이 교회실천과 신학이론 둘 다 겸비하는 것은 잘 해결했다고 할 수 있습니다. 그런데 문제는 학생들이 교회에서 요청하는 많은 일을 감당하다 보니, 공부할 시간이 너무 부족하다는 데 있습니다. 학비와 생활비 해결은 물론, 교회가 미래 교회 발전을 위해 지식을 함양한 지도자가 배출될 수 있도록 배려해야 합니다. 최소 3일을 교회에서 일하는 학생들은 사실상 학문에 집중할 수 없습니다. 독일 신학 전공과정은 대학교를 다니는 동안 학문훈련에 집중하고 준목과정에서 학문과 교회현장과 영성의 연결에 집중합니다. 그 시스템이 모범이 될 만한 모델인지 모르겠습니다.

박사학위 제도도 개혁해야 합니다. 너무 엉터리입니다. 논문 심사위원이 다섯 명인데 세 명은 본교에서 정하고, 외부 심사위원과 지도교수만 전문가입니다. 다른 전문가라 하기 어려운 본교의 사람들이 지도교수와의 지인관계 속에서 선임되는 경우들이 많아 성실히 논문심사를 하지 않는 것을 봤습니다. 결론적으로 사회적 지도자 역할을 할 수 있기 위해 교육과 학문 수준을 높여야 합니다.

4_ 유교질서보다는 기독교윤리

한국문화는 매우 다양하고 유교문화가 큰 비중을 차지하고 있습니다. 유교를 깊게 공부한 사람들이 드물지만, 유교질서를 보편적으로 습득하고 있습니다. 유교질서는 외적인 관계에 따라 행동합니다. 또 유교질서는 주로 위 · 아랫사람들 간의 관계를 말하는 시스템이기 때문에 평등사상과는 괴리가 있습니다. 그래서 윗사람에게는 순종하고 아랫사람에게는 명령합니다.

이 유교적 시스템은 두 가지의 특징이 있습니다. 하나는 권력중심적 시스템이고, 하나는 대결과 싸움을 피하기 위한 시스템입니다. 유교사회에서는 싸움이 시작되면 해결이 어렵습니다. 유교질서 개념은 싸움을 피하기 위하여 생긴 시스템입니다. 위계질서를 통해 모든 행동을 결정하기 때문에 싸움이 생길 수 없습니다. 따라서 사회가 든든하게 서고 모든 사람이 자기 위치를 알도록 하는데 좋은 역할을 하고 행동규칙 또한 분명하기 때문에 단순합니다. 내용적으로 결정되기보다는 명령과 복종으로 이뤄지기 때문에 단순합니다. 예를 들어 나이, 출신, 결혼, 직업, 자녀유무 등 핵심정보를 알아야 위치를 정확하게 알게 되고 자신이 어떤 태도를 취해야 하는지 관계대응이 명료해지기 때문입니다.

문제는 오늘날 관계가 분명하지 않다는 데 있습니다. 농경사회에서는 모두가 잘 아는데, 대도시 속에서는 서로가 잘 모릅니다. 학교와 일터에서는 그래도 질서가 유지되지만 문명화된 대도시 속에서 유교적 질서를 적용하기 어렵습니다. 그리고 위험한 것은 윤리적인 태도가 있는 것이 아니라 외부로부터 요청되는 대로 행동하기 때문에 항상 올바른 것에 대한 훈련과 연습이 부족합니다. 관계가 없을 때는 무책임한 행동도 쉽게 하게 됩니다. 양심이 필요할 때 마음대로 행동합니다. 익명사회가 심화되면서 더욱 그렇습니다. 젊은이들은 유교사회에 대한 거부감이 무척 큽니다. 그들은 유교질서 시스템 속에서 항상 손해만 보고 있다고 느낍니다. 지금의 유교질서 속에서 젊은 자로서 아랫사람이 되는 경우가 많기 때문에 손해를 본다고 느낍니다. 나이를 먹으면서 나중에 유교질서에서 올라가고 그 보람을 느낄 수 있기 때문에 견딜 만하다고 생각할 수 있지만 만약 유교질서가 와해된다면 본인들이 나중에 또 손해를 봐야 한다고 생각합니다.

이미 가정과 학교 등에서 유교적 질서가 붕괴되고 있습니다. 한국사회의 유교질서가 더 약화되면 더 큰 혼란과 위험이 올 수도 있습니다. 현대사회에 어울리는 대안적 질서와 윤리가 필요합니다. 제가 보기에는 기독교윤리가 그런 익명사회와 어울리는 윤리 개념입니다. 왜냐하면 외적으로 결정되는 윤리가 아니라 사람이 스스로 결성하는 윤리 개념이기 때문입니다. 다르게 말하면 '마음윤리' 개념입니다. 개념을 이해하고 싶다면 황금률을 떠올리면 됩니다. 한국어로 번역된 황금률의 의미가 분명하지 않습니다. 원래의 의미는 "남이 행동하기 원하는 대로 내가 먼저 행동하라!" 나의 생각에 따라 상대방이 어떻게 행동해 주길 요구하기에 앞서 "먼저 행동하라"는 말입니다. 행동이 상대에 따라 다를 수 있지만 규칙에 따라 하는 것이기 때문에 차이가 별로 없을 것입니다. 사람마다 올바르게 행동하기를 원하는 대로 자기가 행동해야 하기 때문에 자신이 생각하는 올바른 행동을 해야 합니다. 이것은 유교질서와 완전히 다른 것으로 타인이 결정해 주지 않고 스스로 결정하는 시스템입니다. 기독교인들은 윗사람이든 아랫사람이든 차별하지 않고 동일하게 대하는 자세를 취해야 합니다. 기독교인들은 관계에 무관하게 행동해야 하므로 기독교윤리는 익명사회 속에서도 부합한 윤리 개념입니다.

그런데 대부분의 목사들은 기독교윤리를 가르치지 않고 유교를 가르칩니다. 목사들은 유교의 위계질서를 가르칠 때 얻는 자신만의 유익이 있기에 즐겨 가르칩니다. 또는 기독교를 잘 이해하지 못하기에 전통을 가르치는 것일 수도 있습니다. 목사들이 유교의 위계질서를 가르치기 때문에 젊은이들이 교회에 대한 거부감이 클 수 있습니다. 교회가 유교의 위계질서를 버린다면 청년들이 교회로 돌아올지도 모르겠습니다.

교회가 인정받고 싶다면, 교회가 사회에 기여할 것이 있어야 합니다. 교회가 사회를 사회복지와 교육을 통하여 섬기고 있습니다. 그러나 여론조사 결과를 보면 사람들이 이것을 인정하지 않는 것입니다. 이유가 있습니다. 교회가 사회를 든든하게 하지만 사회를 변혁하지 않습니다. 교회와 사회가 매우 비슷합니다. 그래서 더 좋은 사회를 원하는 국민들이 교회가 의미가 없다고 하며 교회를 좋아하지 않습니다. 만약에 교회가 기독교윤리를 가르친다면 엄청난 사회를 변혁하는 기여를 하고 사회를 살릴지도 모릅니다. 교회가 다시 인정을 받을 가능성이 높습니다. 초기처럼 교회가 사회갱신에 기여하고, 더 좋은 사회를 만들기 위해 기여한다면 교회의 이미지가 향상될 수 있습니다.

교회의 이미지에 있어서 교회의 사회적 역할에 있어서 기독교윤리를 가르치는 것은 정말 중요한 일입니다. 그리고 사람들이 해방의 경험을 하게 됩니다.

한국신학교에서는 기독교윤리를 가르칠 때 경계선이 있는 이슈(과제) 중심의 교육을 하고 있습니다. 일상생활에서의 기독교윤리를 제대로 가르치지 않는 것은 기독교윤리를 제대로 이해하지 못했기 때문이라 봅니다. 책에서 이슈 중심의 논쟁이 이미 정리된 것을 중심으로 학생들에게 가르치고 있습니다. 아주 격렬하고 첨예한 쟁점에 대해서만 논의하는 경향이 있습니다. 그러나 일상생활과 삶의 태도에 대한 기독교윤리를 가르쳐야 합니다. 예를 들어 지하철에서, 버스에서, 마트에서 그리고 여러 생활 속에서 처하게 되는 크고 작은 상황에서 저는 어떻게 행동할 것인가 자신에게 질문하고 답하고 서로 대화하고 행동을 결정하도록 돕는 기독교윤리를 가르쳐야 합니다. 어떤 모습이 가장 바람직한지 알고 행동하도록 돕는 것이 윤리입니다. 이슈 중심의 윤리교육이 아니라 일상생활에서의 윤리교육이 더욱 중요합니다.

유교는 문화만이 아니라 세계관이며 종교적인 측면이 있습니다. 이걸 볼 때 기독교 사상은 훨씬 중요하고 좋습니다. 유교를 어느 정도는 인정합니다. 사회가 갈등을 피하려고 노력하는 데는 유교의 역할이 필요합니다. 제가 유교를 별로 좋아하지 않는 이유는 이 시스템의 희생자들 때문입니다. 모든 사람이 높은 자리를 추구하고, 높은 위치에 있는 사람은 자신이 원하는 것을 명령합니다. 상위 구조에 있는 사람은 소수이고 하위 구조에 있는 사람은 다수입니다. 한국 사람들은 평화로운 민족이라 하지만 저는 그렇게 생각하지 않습니다. 높은 지위의 사람은 전혀 문제가 없지만, 굴복하게 하는 이 명령은 결국 하위 구조에 있는 사람들을 희생자로 양산합니다. 이것이 구조적인 폭력입니다.

5_ 어떻게 가르치고 실천할 것인가?

제가 볼 때는 실질적인 워크숍 형태로 해보는 게 좋습니다. 상황을 설정한 후에 당신이라면 어떻게 하겠는지 묻고 답하고 토론한다면 다양성이 나타나고 자신의 답도 찾을 수 있습니다. 황금률을 어떻게 이해하는지 각자의 이해부터 시작해야 할 것 같습니다. 윤리적인 문제, 예를 들어 내가 만원을 갖고 있는데 거지가 내 앞에 있다고 가정한다면 나는 과연 어떤 행동을 취할 것인가에 대해 토론해 봅니다. 뷔페식당에서 음식이 부족할지도 모릅니다. 나라면 어떻게 할 것인가, 이런 생활윤리에 대한 토론부터 시작할 것을 제안합니다. 학교이든 교회이든 이렇게 하는 것이 필요합니다.

기독교방송(CBS)의 '성서학당'을 통해 대중과 소통하는 말테 리노

한국교회 전체를 인식하고 가르치기보다는 소형교회 개개인의 배움으로 각자 배우는 것이 옳습니다. 한국교회를 빨리 변화시

키는 게 목적이 아니라, 더 좋은 것을 발견하고 만들어가기 위해 지속가능하도록 서서히 변화를 추구해야 합니다. 기독교윤리는 이미 있는 것을 발견하는 일이기도 합니다. 한국사회는 마을공동체가 모든 일을 함께 의논하고 결정했던 경험이 있습니다. 유교사상은 여러 의식 중 하나의 사상에 불과합니다. 마을공동체가 평등공동체였으나 유교가 공동체성에 위계질서를 더한 것이 문제가 되었습니다. 유교를 한국문화로 인식하는 것부터 바람직하지 않습니다. 따라서 무조건 따라야 하는 것이 아니라 더 나은 문화와 가치가 있다면 수용할 수 있어야 하고 수용해야 합니다. 특별히 기독교사상을 수용한다면 제일 행복할 수 있고, 이기심이 극복되고, 모두에게 유익을 주리라 생각합니다.

황금률을 강조했는데 제가 또 하나 강조하고 싶은 것은 삼중사랑 계명입니다. 종교개혁자들과 임마누엘 칸트(Immanuel Kant)가 해석하기를 자신을 사랑하는 것을 죄로 여겼습니다. 죄인들이 자기 자신을 사랑하는 것처럼 기독교인들은 이웃을 사랑해야 한다는 뜻으로 이해했습니다. 그러나 예수님은 이중사랑 계명이 아니라 '삼중계명' 즉 하나님을 사랑하고, 이웃을 사랑하고, 자신을 사랑하라고 가르치셨습니다. 하나님만 사랑하면 안 됩니다. 근본주의자들이 하나님 사랑 때문에 이웃을 미워하기도 합니다. 모슬렘교 근본주의자들이 하나님 사랑 때문에 이웃을 살인하기도 합니다. 예수님은 이웃 사랑 없는 하나님 사랑이 불가능하다고 했습니다. 이것은 혁명적인 사상이며 또한 진리입니다. 황금률과 더불어 삼중계명을 토론한다면 성숙한 기독교인이 될 수 있습니다.

에필로그

순례자가 로마의 교황청을 방문합니다. 성 베드로 성당의 화려함을 보며 동반자에게 이렇게 말합니다: "천주교회가 진리의 교회인 것이 분명하다. 이러한 잘못된 부(富)에도 불구하고 망하지 않았다는 것이 이 사실을 틀림없이 증명한다."

이 예화를 천주교회에 진리가 있고 개신교회가 틀렸다는 의미로 이해할 수도 있겠지만 천주교회가 수 세기 동안 예수님과 너무 멀리 있었지만 교단과 상관 없이 기독교에 진리가 있기 때문에 교회가 잘못하는 일이 많았음에도 불구하고 망하지 않았는다는 의미를 가지고 있을 것입니다.

한국 개신교회가 이와 비슷할 것입니다. 예수님이 원하시는 교회의 모습과 동떨어져 있고 위기에 빠져 있지만 아직도 살아 있습니다. 기독교에 진리가 있기 때문입니다. 한국 개신교회가 잘못하는 것만 있는 것이 아니라 잘하는 것도 많다는 것입니다. 잘못된 문제들은 당장 해결해야 합니다. 지금이 은혜의 때입니다. 주저하며 필요한 개혁을 지금 하지 않으면 나중에 썩을지도 모르겠습니다.

교회가 잘못을 인정하고 비기독교적인 것들에서 벗어나면 교회의 위기가 극복될 것입니다. 한국 개신교회의 미래에 대하여 부정적으로 생각하는 사람들이 많지만 저는 한국 개신교회가 개혁하면 회복할 수 있다고 생각합니다.

물론 시대가 변했고 교회의 상황이 이전보다 더 어려워졌지만 예수님은 인류의 희망이며 미래입니다. 교회가 하나님 나라를 섬기는 만큼 회복할 것입니다.

저는 이 책에서 여러 개혁 제안들을 했습니다. 한국 개신교회가 대학교의 신학 전공 교육과정을 두 단계 시스템으로 개혁해야 할 것입니다. 제게 확신이 있습니다. 그 개혁을 하지 않으면 희망이 없을 것입니다. 두 번째로, 올바른 텍스트와 콘텍스트의 관계입니다. 한국 개신교회는 한국어 성경이 바탕입니다. 그러나 한국어 성경은 유교 문화를 바탕으로 번역되었습니다. 성경의 고전어 원전의 모습이 재발견되어야 합니다. 교회의 비기독교적인 위계질서가 한국어 성경 번역에서부터 생긴 문제입니다. 신약의 문자적 번역이 필요합니다. 매우 어색할 것이지만 예수를 제대로 이해하려면 필요합니다. 세 번째로, 사회를 갱신하는 교회의 역할이 회복되어야 합니다. 저는 기독교윤리를 가르칠 것을 제안했습니다. 그리고 네 번째로, 한국에서 선교 우선 시대가 끝났고 에큐메니컬 시대가 시작되었다고 생각합니다. 다르게 말하자면, 양적 성장 시대가 끝나고 질적 성장 시대가 시작되었다는 주장입니다. 세계관도 변하고 있습니다. 계몽주의와 포스트모더니즘 사상이 동시에 강해지고 있습니다. 그렇다면 신학사상도 변해야 합니다. 익숙한 배타주의 대신에 포괄주의 사상을 강조할 필요가 있다고 생각합니다. 다르게 말하자면 도그마 사상 대신에 코이노니아 사상이 중요합니다.

이 네 가지 개혁만 실천하면 한국 개신교회가 부흥할지도 모르겠습니다. 물론 이러한 개혁이 가능할지 모르겠습니다. 기적이 필요할 것입니다. 하나님만 하실 수 있다고 생각합니다. 중요한 변화를 인간은 이루지 못할 것입니다. 하나님의 말씀과 성령님의 역사하심만이 인간의 마음을 새롭게 하실 수 있습니다. 그래서 한국 개신교회가 개혁을 필요로 하고 있고 그 개혁을 하나님만이 이루실 수 있을 것입니다.

새로운 영성과 기도의 습관도 필요할 것입니다. 기도가 말하는 것에서부터 듣는 것으로 변해야 합니다. 기도는 하나님께 우리의 뜻을 알리고 우리의 소원을 이루어 달라고 부탁하는 것이라기보다 하나님이 우리를 변화시키고 고치시고 새롭게 하시고 인도해 주시기 바라며 하나님께 기회를 드리는 것입니다. 우리는 예수님의 기도를 통해 기도를 새롭게 배워야 할 것입니다: "하나님의 뜻이 이루어지이다."(마 6:10) 그리고 "나의 원대로 마시옵고 아버지의 원대로 하옵소서!"(마 26:39)

변해야 할 것이 많습니다. 신앙생활이 순례이고 탐구입니다. 그 여행이 막 시작되었습니다. 염려할 것이 없습니다. 아브라함처럼 하나님의 인도하심으로 약속의 땅으로 출발합시다!

마지막으로 디트리히 본회퍼가 작성한 시(詩)를 통해 위로와 용기를 드리려고 합니다. 본회퍼는 이 시를 1944년 12월 성탄절 전에 감옥에서 약혼자에게 보냈습니다. 그의 미래가 캄캄했지만 하나님의 계심을 신뢰했습니다. 이 시가 독일 찬송가에 두 가지 멜로디로 포함되어 있습니다. 2004년에 손성현 박사가 이 가사를 독일에서 유학하면서 한국어로 번역했습니다.

주님의 선하신 권능에 감싸여

1. 그 선한 힘에 고요히 감싸여 그 놀라운 평화를 누리며
   나 그대들과 함께 걸어가네 나 그대들과 한 해를 여네
2. 지나간 날의 상처 그 어두움 우리의 가슴 무겁게 하나
   간절히 비는 우리 영혼에게 주 예비하신 구원 주소서
3. 그 무거운 고난의 쓰디쓴 잔 가득 채워서 주실지라도
   그 선하신 손으로 건네시니 감사함으로 받으렵니다
4. 이 세상 그 태양의 찬란한 빛 또 볼 수 있는 기쁨 주시면
   지나간 나날 우리 기억하리 온전히 주께 속한 우리 삶
5. 저 촛불 밝고 따스히 타오라 우리의 어둠 살라 버리고
   다시 하나가 되게 이끄소서 당신의 빛이 빛나는 이 밤
6. 이 고요함이 깊이 번져갈 때 저 가슴 벅찬 노래 들리네
   보이지 않게 점점 번져가는 당신의 자녀 찬양의 함성

후렴. 그 선한 힘이 우릴 감싸시니 그 어떤 일에도 희망 가득
   주 언제나 우리와 함께 계셔 하루 또 하루가 늘 새로워

(디트리히 본회퍼, 1944년 12월)

참고도서

1. Malte Rhinow, Das Frühmorgengebet in Koreas Christentum, Missionswissenschaftliche Forschungen. Neue Folge Band 32, Neuendettelsau (Erlanger Verlag für Mission und Ökumene) 2015
2. Malte Rhinow (이말테), 한국개신교회의 새벽기도의 초기에 대한 연구, in: 한국실천신학회 (편), 신학과 실천 31 (2012) 봄, 183-225
3. Malte Rhinow (이말테), 18-19세기 조선 천주교인들의 새벽기도(회)에 관한 연구, in: 한국실천신학회 (편), 신학과 실천 39 (2014) 봄, S. 141-171
4. Malte Rhinow (이말테), 독일 종교개혁자들(루터.멜란히톤)의 새벽기도, in: 루터대학교 교수논문집 神學과 信仰 23 (2012), S. 81-120
5. Malte Rhinow, Gebetsberge in Südkorea [한국 기도원 상황 이해], in: 루터대학교 교수논문집 神學과 信仰 27 (2016), 71-99
6. Malte Rhinow, A Reflection on the Current Situation of the Minjung Movement, in: Presbyterian Church in the Republic of Korea (Hg.), PROK News 45 (1997) summer, 7-10
7. 이말테 (Malte Rhinow), 종교개혁 500주년의 한국개신교회를 위한 의미, in: 루터대학교 교수논문집 神學과 信仰 25 (2014), S. 207-249
8. Malte Rhinow, Two Suggestions for a Reform of Christian Education in South Korea, in: Journal of Christian Education & Information Technology Volume 29, 4 (2016), S. 23-44
9. 이말테 (Malte Rhinow), 밖에서 본 한국교회, in: 기독교사상 07 (2016), 12-20
10. 최주훈, 루터의 재발견, 서울 (복있는 사람) 2017
11. Konrad Raiser, 500 Jahre Reformation weltweit, Bielefeld (Luther-Verlag) 2016
12. 한스-마르틴 바르트, 마르틴 루터의 신학. 비평적 평가, 서울 (대한기독교서회) 2015

지은이 **이말테**(Malte Rhinow) 목사는 1957년 독일 뮌헨에서 출생했다. 뮌헨대학교와 본대학교에서 신학을 공부하였고 아우구스타나대학교에서 선교종교학 박사학위를 받았으며, 바이에른 주립교회에서 목사 안수를 받았다. 독일로 유학 온 부인 한정애 교수(협성대)와 결혼하면서 1992년 베를린선교회의 파송으로 한신대학교 독문학과 교수로 한국에 왔다. 2000년 이후에는 독일 기독교 바이에른 주 루터선교회의 파송으로 기독교한국루터회 선교사로 활동하면서 루터회 교회개발원 원장, 루터대학교 신학과 교수, CBS 성서학당 강사 등 맡겨진 많은 사역을 위해 바쁜 발걸음을 계속하고 있다. 이 책은 한국어로 된 그의 첫 번째 책이다.

나와 예수 03

서울에서 만난 루터

지은이_ 이말테
펴낸이_ 최병천

펴낸날_ 2017년 10월 2일(초판1쇄)
2017년 11월 2일(초판2쇄)

디자인_ 강면실 윤진선
교정_ 김영옥
관리_ 심난선
펴낸곳_ 신앙과지성사
출판등록 제9-136(88. 1. 13)
주소 | 서울 서대문구 연희로 177 옥산빌딩 2층
전화 | 335-6579 · 323-9867 · 323-9866(F)
E-mail | miral87@hanmail.net
홈페이지 | http://www.miral.biz

ISBN 978-89-6907-176-7 04230
ISBN 978-89-6907-153-8 (세트)

값 13,000원